小话西游

刘勃 著

上海文艺出版社

洋火文化 出品

推荐序

《小话西游》先是一篇文章，后是一本书。此文是我初阅《读库》时印象较深的一篇。其后得知增补成书，我在当地坊间遍寻难觅，只好从网店订购。此书是我购阅的第一本《读库》作者的单行本。

在《小话西游》里，刘勃以世故人情切入《西游记》，以"人"观察神仙妖魔，视角别致，每每有独到见解，新人耳目。

刘勃解读菩提祖师是"在体制外搞民办教育"，"亦佛亦道，换个角度，也就是非佛非道，是杂家。杂家的特点就是成果和业绩都很难量化，什么评估，什么考核一来，不免就要糟糕"——看似恶搞，却让人笑不出来。

打量观音，刘勃不由得起疑，她自荐去东土找取经人，费尽周折，最终确定的却是原先的如来弟子、当初她护送到大唐投胎的玄奘，"举贤不避亲的话，她大可以响当当地说。你不信，就是你心理阴暗了"；在统计汇报取经路上遭遇的磨难时，观音"逻辑混乱"，一件事生生拆解成两难、三难乃至四难，

"也就是说,西天取经路上遭遇了多少难,全看菩萨一张嘴。只要她乐意,压缩成一十八难也行,分解成八百一十一难也可以"——唯认真通读《西游记》与人生者,方有此论。

猴子被逐,老猪急于表现,捉妖不成逃之夭夭,刘勃戏笔云,"行政人员里,还是有不少是乐于表示,自己的专业并没有丢的。不见得是骗别人,主要还是安慰自己。当然,真给他一个机会证明自己的业务能力,多半也就是逼他面对现实了"——给人的感觉,他这是为身边某类人画像。

《小话西游》有《在路上》一章,托取经成员之口,直接表明心迹,是话语是格言,更见奇思妙想。转引几句:

> 多好的见解,也架不住变成标准答案。
>
> 你觉得别人不了解你,也许不过是因为你不了解自己。
>
> "雄辩是银,沉默是金。"这两句话我认为是条件关系。也就是说,具有雄辩才能的人,他的沉默才有金子般的价值。

除了老六,刘勃是我主动联系交流的第一位《读库》作者。

刘勃在《小话西游》出版时作文,提及父亲埋怨他不做作者介绍,"应该要写上的,注明是某某学院的教师。这样,将来把书交给校领导看的时候,会好一些"。

我后来问刘勃,得知他没有将此书送给领导。这符合我当年的读后感:此书恐属"杂书",评职称之类怕是派不上用场,而且许多话太扎人了,扎某些人,让领导看了,只会给自己找不自在,为避节外生枝,还是免了吧。由其文《西游镜相》可见,他写这一系列文章,不过是借题发挥,发泄私人怨气,正所谓"不平则鸣",终成妙文。

马国兴

自 序

父亲已经处在半退休的状态，无聊时，也会看一些我写的东西。比如谈《西游》的这组，因为知道是很可能要出书的，所以加了额外的小心。他备了纸笔，把他觉得可能违碍的字句抄下来，然后提醒我删掉。

暑假前，书交了稿。有一天，父亲好像忽然想起什么，问我作者介绍是怎么写的。我说没有作者介绍。他有些不高兴，说应该要写上的，注明是某某学院的教师。这样，将来把书交给校领导看的时候，会好一些。

他跟我这样说的时候，我不免难过和惭愧。没敢告诉他，不要作者介绍是我自己提出的，也从来不觉得，这本不相干的书，还有给领导过目的必要。

父亲在单位，很有些"有书生脾气"的名声，对很多事看不惯，说话直，不拍马屁。他这辈子干的最不光彩的事，可能就是当初为了我找工作，走了一点后门。这份工作很快就被我因为胡乱说话而弄丢了，现在我在学校教书，是所有老师里学历最低的，而且照例不得一些人喜欢，父亲总是担心我随时会丢掉饭碗。

我已经是三十岁的人了，却仍把从来潇洒的父亲，折磨得像一个担惊受怕的小职员。但是我想不出什么让他安心的办法，想出来，也做不到。

《小话西游》不是我写的第一本书。找不到工作的那两年里，我卖了很多自己也不知道写些什么的文章。如果只算写自己想写的，这倒确实是第一本。

要谢谢该谢谢的人。

我要感谢包忠文老师和学校。没有包老师为我争取，我不可能成为一个教书匠，而学校毕竟给了我容身之地。有了这点基本生活保障，我才可以随意写些东西。

要感谢六哥和他的《读库》，《小话西游》里的一部分文字，是2002年写的，2006年发表于《读库0602》，没有这个契机，后面的事也就不必提起了。

也要感谢党和政府拿传统文化打意识形态牌的政策，和于丹老师、易中天老师他们。我只是一个搭顺风车的人，不然，这路文章，大概没有变成铅字的机会。

感谢天涯网友在我写作过程中提出的批评与建议。杂感文字，互动是一种很欢乐的写作方式。我看过一些评论《西游记》的文章或著作，事实上，没有哪部书比得上"仗剑天涯"

的《水浒西游封神说唐等小说在线答疑》来得丰富多彩。

最后但不是最不重要的一点，如果不是写作时常被"迎评"工作打断的话，我想这本书也许能写得略微好一些，或者至少长一些。

2008 年 7 月

目 录

菩提祖师 001

称王与革命 007

闹龙宫 012

桃子该请谁吃 018

十万天兵天将 027

轻狂的石头 035

两会背后 040

第一次亲密接触 044

唐僧 049

观音禅院的人情冷暖 053

三个紧箍 059

高老庄 061

猪猴关系 067

唐僧肉 075

大圣行凶 080

好人沙僧 091

生存智慧几种 095

黄袍无力百花残 104

游方僧人与僧官	112
贞节危机	115
牛魔王	121
红孩儿	128
山神土地	135
大话西游	139
三调芭蕉扇	143
红玫瑰与白玫瑰	151
龙王降雨	157
蟠与鼍	163
龙生九种	167
和尚道士	173
取其精华去其糟粕	181
炼丹与添寿	186
老子化胡及其他	193
一边是火焰，一边是河水	198
十世元阳	202
附：添加剂——古典的性诱惑	208
狮驼国的大鹏	211
小妖	221
西天取经之事件簿	223
在路上	244
西游镜相	255

菩提祖师

一

猴子参访仙道，在西牛贺洲地界，拜灵台方寸山，斜月三星洞的须菩提祖师为师。这位祖师爷来头不明，但法力高强是肯定的。不然不可能十年工夫，就教出一个能大闹天宫的学生。他弟子很多，猴子初见他的时候，只见"两边有三十个小仙侍立台下"。收猴子入门时他又说："我门中有十二个字，分派起名，到你乃第十辈之小徒矣。"可见已毕业的更多。

但切不可以猴子的能耐，便推断猴子这些师兄弟们也非同小可。

祖师跟猴子打哑谜，这帮人都在梦中；猴子变棵松树（猪八戒也会），他们便大惊小怪的赞叹；祖师传猴子筋斗云：

> 大众听说，一个个嘻嘻笑道："悟空造化！若会这个法儿，与人家当铺兵，送文书，递报单，不管那里都寻了

饭吃。"[1]

他们都是实在人，把灵台方寸山，斜月三星洞当作了职业技术学校，是来学"寻了饭吃"的本事的。

二

面对这样的学生，也就难怪菩提开的选修课乱七八糟了：

> 祖师道："我教你个'术'字门中之道如何？……术字门中，乃是些请仙扶鸾，问卜揲蓍，能知趋吉避凶之理。"
>
> 祖师又道："教你'流'字门中之道如何？……流字门中，乃是儒家、释家、道家、阴阳家、墨家、医家，或看经，或念佛，并朝真降圣之类。"
>
> 祖师道："教你'静'字门中之道如何？……此是休粮守谷，清静无为，参禅打坐，戒语持斋，或睡功，或立功，并入定坐关之类。"
>
> 祖师道："教你'动'字门中之道如何？……此是有

---

[1] 《西游记》的引文及其标点主要以人民文学社1980年5月北京第2版（三卷本）为准，个别地方的标点和文字按常用办法改正。——编注

为有作,采阴补阳,攀弓踏弩,摩脐过气,用方炮制,烧茅打鼎,进红铅,炼秋石,并服妇乳之类。"

流字门、静字门也还罢了,吴承恩写《西游记》的时候,嘉靖皇帝就正在修炼"术字门"、"动字门"里的功课。无锡人顾可学拿童子尿加石膏炼"秋石"炼得好,乃得了个尚书的头衔,真是大大的"寻了饭吃"[1]。

以前看《西游记》,有些地方我是不解的。在高老庄,猴子变高翠兰套猪八戒的话,很懂得利用男人在女性面前的虚荣心。三调芭蕉扇时,变成牛魔王和铁扇公主调情,分明也是个中老手。小说里的猴子又不是《大话西游》里的周星驰,不见有男女关系方面的经验,这些本事都是天生的么?

现在重看猴子学艺的这回,也就明白了。动字门基本就是房中术嘛,老师教的!

也因此,菩提讲课好"打市语",喜欢说些不着调的比喻,就更不奇怪了。"百家讲坛"上的学者为自己的讲法辩护,都说面对大众不这么讲根本就没法讲。个中甘苦,菩提(妙在

---

[1] 要提炼秋石,用到的基本原料是尿,加上这样那样的配料,最终炼出来的莹白色的结晶体,就是秋石了。所谓"秋是西方之位,石是兑长之名",据说秋石是有使人长生不老的功能的。这当然是没谱的事,但秋石颇含些性激素,倒是事实。顾可学这事是嘉靖朝著名的丑闻。顾可学自称擅炼秋石,严嵩便把他推荐给嘉靖皇帝。起先还偷偷摸摸,后来便明目张胆地加官尚书了。民间乃有歌谣云:"千场万场尿,换得一尚书。"

《西游记》里对菩提众弟子的称呼也是"大众")也是很有体会的啊。

三

老师有几种。有上去下不来的,比如陈寅恪先生,学识不得了,给一般学生上课,恐怕就是催眠了;有能上能下的,比如迅翁的课据说也极精彩;也有光耍嘴皮子肚里没货的,这个现在太常见,所以就不用举例了。

只能下或只能上的人都好说。问题是,能上能下的人,你叫他光在下面待着,天天百家讲坛而不许带自己中意的学生,他可能不空虚不郁闷么?

所以,碰到猴子之前,菩提多半就很空虚,很郁闷。

不管宗教上的说法,即就《西游记》本身而言之,佛教神、道教神的谱系,还是颇规整的。但这位须菩提祖师,却显然是体制外的人。

显然不能把他当作释迦十大弟子之一的须菩提,因为他身上道气明显重于佛家气。后来猴子拜唐僧为师,也说自己是"由道入释"。说他是道门的人,则他跟太上老君的关系该怎么算,似乎又很有悬念。

在体制外搞民办教育,招生就不免成了问题。所以菩提空有一身的本事，课也就只好上成那个样子，——一半是为了学生能听懂，一半没准也是佯狂，讲正经的你们没反应，我就照死了给你们往俗里讲。

这种情况下，能招到猴子这样的学生，真是难怪他"十分欢喜"。

四

话说回来了，菩提那么大本事，为什么要跑到山洞里偷偷摸摸搞民办？

他似乎是有隐痛的人。看见猴子卖弄本事，他的反应异乎寻常的强烈，又说什么"别人见你有，必然求你。你若畏祸却要传他，若不传他，必然加害，你之性命又不可保"，让人疑心他自己是不是也有过这样的遭遇。

即使没什么乱七八糟的过节，他进体制，怕也很难落个好。亦佛亦道，换个角度，也就是非佛非道，是杂家。——杂家的特点就是成果和业绩都很难量化，什么评估，什么考核一来，不免就要糟糕。

他对体制看来也没有好感。对猴子的教育，明显走了白专道路。日常人际相处的道理，他是要猴子去懂得的，所谓"教他洒扫应对，进退周旋之节"。天庭上的官场规矩他却完全不讲。后来猴子对玉帝、老君的牛气态度，能说没有他的影响？

最坏的是，最后他赶猴子上路的时候，讲什么"你这去，定生不良"。说是预言，几乎倒像暗示，——闹去吧，你命该如此，惹出祸来也不好怪你。

称王与革命

一

伟大的秦始皇还没有意识到要寻访海外的仙山的时候（还没出生嘛），东胜神洲海外的花果山上的一群猴子，正在讨论如何穿越一道瀑布的问题。一个显然没有经过深思熟虑的倡议被提出了，"那一个有本事的，钻进去寻个源头出来，不伤身体者，我等即拜他为王。"

这话转眼就被抛在脑后。发现瀑布内别有洞天，猴儿们"跳过桥头，一个个抢盆夺碗，占灶争床，搬过来，移过去，正是猴性顽劣，再无一个宁时，只搬得力倦神疲方止"。这段时间里，那只担当了发现新大陆角色的猴子，则被晾在了一边。

终于他按捺不住，引起了《论语》：

列位呵，"人而无信，不知其可。"你们才说有本事进得来，出得去，不伤身体者，就拜他为王。我如今进来又出去，出去又进来，寻了这一个洞天与列位安眠稳睡，各享成家之福，何不拜我为王？

众所周知，这位猴儿里的哥伦布，就是后来的齐天大圣孙悟空行者。

二

猴王是石猴自己开口要来的，但却不见得是出于对权力的渴望——真的玩政治的，倒少见这么不含蓄的，怎么也得搞个人民拥戴黄袍加身什么的，这才顺水推舟。

瀑布后面究竟有什么？这引起了石猴的好奇心；大家叽叽喳喳猜测可是都不敢真钻进瀑布里面看，这刺激了石猴的表现欲。

然后呢？发现了花果山福地水帘洞洞天，好奇心是满足了；可是众猴子进来就把他给忘了，表现欲方面说，真是很受伤，很受伤。

这时候开口要做大王，重点怕未必是要人家兑现诺言，倒是要大伙把注意力重新集中到自己身上来。

至于"王"这个身份意味着什么，这时石猴其实还并不明白。

最明显的例子是，美猴王在享乐天真的日子里，忽然思考起了生与死的哲学问题，然后，他决定独自出海，寻找答案。

说走他就拍拍屁股走了。

差不多同时，雄才大略的汉武帝也迷恋于长生不老的传说[1]。虽然他坚信海外仙山上有神奇的仙人和药方，虽然他宣称自己为求仙丢掉老婆孩子不过像扔掉一只破鞋，可是，他最多只是站在海边看看，你叫他扎只木筏备点水果自己出海试试？

三

单只有经济发展一个因素，很难造成阶级的分化。这时，还需要一点外力的刺激。

比如说战争。

三个和尚没水喝，最坏的统帅也好过同时有一堆统帅。一打仗，一个拥有绝对权威的领袖，就成为必需的了。

猴群质变的过程，也是一样。就在猴王出海学艺期间，发生了混世魔王的入侵问题。

---

1 第十四回说，孙悟空被压五行山，是在王莽篡汉时。闹天宫之前，猴子在天上总共晃了大概也就是半年，人间是一百多年。再往前便是出海求道二十年。则离开花果山时，大概是在汉武帝时候，或更早一些。

水脏洞的混世魔王,劫掠猴儿们的财产和人口。这个时候,群猴无首的水帘洞内,弥漫着对猴王的怀念的气息。

孙悟空一回花果山,立刻被猴子猴孙们围住:"大王,你好宽心!怎么一去许久?把我们俱闪在这里,望你诚如饥渴!……大王若再年载不来,我等连山洞尽属他人矣。"

魔王也说:"我常闻得那些猴精说他有个大王,出家修行去了。"

问题是,大家谁也不知道孙悟空出海,究竟学到些什么本事。而如果还是原来的石猴,就是他在花果山,对局势又能有多大的影响?

也许,恰恰就是因为他不在,算是留下了无限想象的空间。猴儿们好告诉自己,将来还有一点希望。

就像林则徐被皇帝及时撤了职,没能摊上机会和英国人交手。所以多少年来,我们的许多书里总仿佛透露着这么个信息,倘使林文忠公在,鸦片战争,咱不至于输。

四

万幸,猴王是真学成本事回来的,猴儿们竟然梦想成真。所以,这时的猴王,也就当然跟当初的猴王不一样了。

进一步的,猴群也有了军事化的必要。混世魔王不止一个，万一"惊动人王，或有禽王、兽王认此犯头，说我们操兵造反，兴师来相杀，汝等都是竹竿木刀，如何对敌？须得锋利剑戟方可"。

于是猴王先把傲来国的武库偷个干净，再去龙宫弄来了金箍棒和全副披挂。这下四海千山皆拱服，人王、禽王、兽王是不必再担心了，却惊动了天上的玉皇。

这茬儿根本不在猴子的计划之内。唐虞禅让三杯酒，汤武征诛一局棋，改朝换代天翻地覆，常常也就是个一不留神。

闹龙宫

许是受一些改编版本影响太深,《西游记》里面闹龙宫一节,我始终记得有这么一个细节:孙悟空取金箍棒试得称手,龙王慌忙拦住:"这是我镇海之宝,你不能拿走!"于是双方起了争端。其实这句小家子气的话,原著里是没有的。孙悟空得了棒笑道:"多谢贤邻厚意。"龙王只是答声:"不敢,不敢"而已。之后孙悟空继续要披挂,龙王也算是妥为设法。虽然最后悟空是"使动如意棒,一路打出去,对众龙道:'聒噪!聒噪!'"但从上下文意看,大约也只是见棒喜欢,没出门就忍不住玩弄起来,双方并没有在水晶宫里动手——所谓"闹龙宫",大约只是引起喧闹之"闹",相比后文闹天宫的大打出手,这一次充其量算是骚扰而已。

以社会交际的常情论,龙宫借宝这事孙悟空确实做得过分。悟空道:"近因教演儿孙,守护山洞,奈何没件兵器,久闻贤邻享乐瑶宫贝阙,必有多余神器,特来告求一件。"这可当真的是"不情之请"了。人家和你虽是紧邻,但素无来往,怎么可以第一次上门就跟人家索要"多余神器"？不但要，而且还嫌好道丑，而且要了兵器还不足又要披挂。这当中恃强抢夺的气味，没有鼻子也闻得出来。《西游记》的改编者或评论者当然是有鼻子的，所以为了维护孙悟空的正面形象，他们就不得不把他的对立面丑化丑化。给龙王加些出尔反尔的台词，就是一例。

类似的例子还有：孙悟空往水晶宫的路上，虾兵蟹将对他无礼，——这可能也是我们很多人对这段故事的印象。但原著中却是，巡海夜叉见孙悟空推水而来，上前挡住，话却说得十分客气："那推水来的，是何神圣？说个明白，好通报迎接。"

接下来龙王的迎接更具规模，"东海龙王敖广即忙起身，与龙子、龙孙、虾兵、蟹将出宫迎道：'上仙请进，请进。'直至宫里相见，上坐献茶毕，问道：'上仙几时得道，授何仙术？'"——要知道，那时候老孙还未显露手段，龙王应该还不至于对他有畏惧心理。所以这种礼仪，很可能就是龙王接待来访者的一般规格，算是颇具礼贤下士的一海之主的风度。当然，我们也可以推测这是老龙王一朝被蛇咬，十年怕草绳，挨哪吒这个小毛孩一顿毒打之后，对任何来历不明的人物，都不敢掉以轻心。但不管龙王的真实想法如何，至少他算是给足了孙悟空面子。

老孙对龙王，包括后来对玉帝，对如来的无礼，往往都只是取个脱略形迹，不拘小节的姿态而已。一派名士气。[1] 即以闹海一段来说：

"老孙不会使刀，乞另赐一件。"

"轻！轻！轻！又不趁手！再乞另赐一件。"

"当时若无此铁，倒也罢了；如今手中既拿着他，身上无衣服相趁，奈何？你这里若有披挂，索性送我一件，一总奉谢。"

"我老孙不去！不去！俗语谓'赊三不敌见二'，只望你随高就低的送一副便了。"

这些话要求过分，但措辞都还客气，总之都是大大咧咧的

---

[1] 对孙悟空性格的经典评语是，"猴性、人性和神性的结合体"。猴性显然和放荡不羁蔑视礼法的作风有类似之处，人性主要是指率真任性的感情，神性则可以和才华挂钩，三点加起来，恰好就是通常所谓名士的标准。在这猴身上，也颇不乏一点魏晋风度。

由此也好理解，明清两代批《西游记》的人，张书绅、叶昼之流，为什么都对猴子极表欣赏，而对"腐和尚"唐僧，小生产者八戒深致不满。批书者自身都颇有点名士气，那个时候对名士者流的挖苦，还不像现在这样深刻而成风气，所以他们并不掩盖自己的立场。

今天批评名士性格，能一针见血地指出其缺陷和病态的，大体是三类人：一是实干家，这是"古已有之"的，如张居正对王世贞说"芝兰当道，不得不锄"什么的；二是女人，名士的自我中心态度比较容易和现代女性发生矛盾，何况女人也天然较多实干家的禀赋；三是一些有名士性格的人物自己。他们的自我批评倒往往十分精彩，但有一半当不得真，——正如卡尔维诺所说，这是恐龙要把自己伪装成新人。另一半倒的确是发自肺腑，属于爱之深，责之切。

味道，——不大瞧得起人，但也无甚恶意。这里可以举哪吒闹海的故事作个参证。

《封神演义》里，龙王不肯降雨，要吃童男童女这些闹海的前因一概没有。哪吒洗澡洗得"水晶宫已晃的乱响"，夜叉出来问一句，"那孩子（请注意，他没有骂小畜生，小蟊贼之类的话。甚至没有说'兀那顽童'，对一个来历不明的小孩，这差不多是最客气的称呼了）将什么作怪东西，把河水映红，龙宫摇动？"考虑到他家里已经给哪吒搅得不得安宁，这么问上一声，应该不算过分。对比哪吒的回答："你那畜生，是甚个东西，也说话？"到底是谁态度恶劣，应是十分明显。

后来，哪吒对敖丙和敖广都有过一段为自己的辩护：

"我乃陈塘关李靖第三子哪吒是也。俺父亲镇守此间，乃一镇之主。我在此避暑洗澡，与他无干；他来骂我，我打死了他，也无妨。"先自报家门，以势压人。然后"他来骂我"一句，属颠倒黑白。至于"我打死了他，也无妨"云云，已经活脱脱是呆霸王薛蟠的声口了。后来再和龙王对质，哪吒总算知道了光凭父亲的地位，对这事根本罩不住，于是说起自己来历来更是不惜口水：

> 吾非别人，乃乾元山金光洞太乙真人弟子灵珠子是也。奉玉虚宫法牒，脱化陈塘关李门为子。因成汤合灭，

周室当兴,姜子牙不久下山,吾乃破纣辅周先行官是也。偶因九湾河洗澡,你家人欺负我;是我一时性急,便打死他二命,也是小事。你就上本。我师父说来,就连你这老蠢物都打死了,也不妨事。

不但大吹自己的来历不凡,还把自己的身份和国家的命运联系起来。至于把不拿打死人当回事的宣言又说了一遍,不在话下。

所以哪吒闹海这一回书,怎么看都是李哪吒仗势欺人。就算考虑龙王并非平头百姓,那也只能讲这"反映了统治阶级的内部矛盾",扯不到反叛精神上去。至于老百姓为什么会喜欢一个仗势欺人的恶少,大约只能这样讲:第一,民间总是对神童故事怀有特别的爱好;第二,只要还没有欺到自己头上,人欺负人的故事总是有点看头。

以上就是恶少衙内和名士气的人物作风的不同。其实这两种人都属心计比较简单的人,衙内只怕比自己来头更大的权势,名士则重面子甚于实际。在龙宫里的这次,孙悟空扯足了顺风旗,心境大畅,大约根本就没有想到龙王看起来唯唯诺诺,对他的神通面露恐惧之色,其实心里却已经打好了向玉帝参本的腹稿。其实,此时的孙悟空以一副光着个头,不僧不俗的形象(见第二回,混世魔王手下小妖的描述),一上来就对东海龙王如此无礼，敖广"甚是不平"的念头，也肯定是一见面时就有了。只是性子谨慎，不想贸然动手而已。一件件的给孙悟空试兵器，固然是悟空自己的要求，但也未必不是龙王想借此机会摸清他的实力——可以试想，如果不是孙悟空最后挑中的是重一万三千五百斤的定海神针铁，而是拿了一杆三千六百斤的九股叉就心满意足。老龙王很可能当即就要像他二弟敖钦建议的那样，"点起兵，拿他不是！"

确认了孙悟空的实力不是龙宫可以对付的之后，老龙王先是借为孙悟空凑披挂为名，聚齐了其他三海龙王商议对策，然后确定了把问题甩给上级主管部门，请天庭出面的解决办法，——没有龙王这一本，后来的大闹天宫也未必就会发生。孙悟空这趟龙宫之行，表面上是令对方有求必应，面子上赢了个十足，其实却是他中了龙王暗算而不自知，——大名士和政治家打交道，结局往往都是如此。

桃子该请谁吃

一

网上有些牛人分析大闹天宫一节的幕后故事，发现了许多不同版本的阴谋，环环相扣招招紧逼，令人叹为观止。不过，如果还是采取比较有中国特色的解释，那么，难摆平的是方方面面的人际关系，至于阴谋本身，倒不必这么高智商。

对待花果山的武装割据势力，天庭内部有主和、主战两条路线的斗争。最高领袖，即高天上圣大慈仁者玉皇大天尊玄穹高上帝，在其间扮演着一个协调人的角色。光靠武装剿灭不是办法，但必须有强大的武力做后盾才能实施招安。这个道理浅显得很，所以玉帝基本上一碗水端平，实际上倾斜主和派多一些。招安的成本比较容易核算，也不破坏安定团结的大好局面，开战的话，不可测因素就多了。

太白金星第一次去花果山请猴子上天，猴子见玉帝的这个场景很有名：

悟空挺身在旁，且不朝礼，但侧耳以听金星启奏。金星奏道："臣领圣旨，已宣妖仙到了。"玉帝垂帘问曰："那个是妖仙？"悟空却才躬身答应道："老孙便是。"仙卿们都大惊失色道："这个野猴！怎么不拜伏参见，辄敢这等答应道'老孙便是'却该死了，该死了！"玉帝传旨道："那孙悟空乃下界妖仙，初得人身，不知朝礼，且姑恕罪。"众仙卿叫声："谢恩！"猴王却才朝上唱个大喏。

众仙卿大惊失色不奇怪，玉帝没怪罪猴子也不奇怪，甚至觉得猴子很可爱也说不定。玉帝看身边的人都循规蹈矩，久了也要气闷的。偶尔来个把猴子调剂一下，不失为一件乐事，就像康熙需要韦小宝。但这样一来，猴子的弄臣地位，基本也就定了。

于是玉帝封猴子做了弼马温。不入流归不入流，但给首长开车的牛不牛？弼马温总管天河御马，就等于是中南海司机的头儿。看来玉帝还是打算把猴子放在身边的。可惜猴子是要面子不要里子的人，还没等到首长要用车的时候，就嫌官小反下去了。

二

从李天王父子兴师下界，到花果山第一次反围剿胜利，基本上就是一个讨价还价的过程。猴子对巨灵神的话：

泼毛神，休夸大口，少弄长舌！我本待一棒打死你，恐无人去报信，且留你性命，快早回天，对玉皇说：他甚不用贤！老孙有无穷的本事，为何教我替他养马？你看我这旌旗上字号，若依此字号升官，我就不动刀兵，自然的天地清泰；如若不依，时间就打上灵霄宝殿，教他龙床定坐不成！

后来再跟哪吒讲，意思也差不多：

你只看我旌旗上是什么字号，拜上玉帝，是这般官衔，再也不须动众，我自皈依；若是不遂我心，定要打上灵霄宝殿。

看来猴子也觉得自称齐天大圣是名不正言不顺的，要的还是玉帝老儿的承认。这就显然不是最坚决最彻底的革命派，还是认同现有领导核心的领导权的嘛。打两个胜仗，是为受招安后要官做添些筹码。因此停战之后听说太白金星又来，他当即大喜：

来得好，来得好！想是前番来的那太白金星。那次请我上界，虽是官爵不堪，却也天上走了一次，认得那天门内外之路。今番又来，定有好意。

三

孙悟空二次上天，人际关系大概还不错。

他调皮爱玩闹，没有文人的酸腐气，跟军队系统里的人比较好相处。他实际上读书不少，跟天宫里占主导地位的文化官僚也可以有共同语言。他贪图名声，好出风头，而对更实际的政治利益基本稀里糊涂，所以谁也不必拿他当竞争对手。

也就是说，猴子这种名士派，和天庭的官场没有本质的冲突。于是，对众家仙人而言，这样一只猴子，真可以把评孔乙己的话拿来评他，猴子"是这样的使人快活，然而没有他，大家也便这么过"。

当然不满猴子的也有，比如真人许旌阳，就跑到玉帝那里打小报告：

> 今有齐天大圣日日无事闲游，结交天上众星宿，不论高低，俱称朋友。恐后闲中生事。不若与他一件事管，庶免别生事端。

于是玉帝就派猴子去守蟠桃园了。这事从来被当作玉帝颟顸糊涂的一项证据，让猴子守桃子，正如叶昼的批语，"分明使猫管鱼，和尚守妇人也"。但也不是不可以有其他的解释。

"齐天大圣日日无事闲游",这本来就是让猴子上天的初衷。但这种实际操作中用到的手法,在一切道德化的政府公文中,却又不好直说。碰到许旌阳这种不能领会精神的,玉帝真还不好驳回他。人家是站在伦理纲常的基础上发言的嘛,都是政治正确的话,要是不同意,什么"必也,正名乎","天子之职莫大于礼,礼莫大于分"之类的儒家大道理就要来了。所以,只好给猴子找个事做。

但这事还真不好找。猴子现在是什么身份?"名是齐天大圣,只不与他事管,不与他俸禄",没有职务,连工资都没有。名字是好听了,可某种意义上,还不如弼马温歹有个编制。也正是因为连弼马温都不如,大家才不介意他使用这么个牛叉的名字。小商小贩在自己的店铺门口怎么诈唬都不妨,同样的宣传语上了央视就是虚假广告;富有中国特色的社会主义初级阶段的民办大学宣称要做"中国的哈佛"什么的,也没谁会跟他较真,反倒是北大、清华要也打出这个旗号,那就要骂声一片了。

所以,要是真给猴子一重要的行政岗位,那些本来在内心保持着充分优越感的前提下,可以和猴子谈笑风生的神仙们,可能就要提出抗议,"羞与同列"了。摆平了许旌阳,却摆不平了一大片。

但事给小了也不行,有"官封弼马心何足"的教训在先,把猴子刺激了再闹一回，就前功尽弃了。所以，去看守蟠桃园吧。

从御马监到蟠桃园，管理对象从动物变成植物，基本算是平调。但这事儿猴子喜欢啊，也许他就接受了。至于猴子几乎一定会监守自盗，这个玉帝不见得是想不到，只不过相比各种人事上的摆不平，这个损失他情愿接受。古往今来这样的事例多了，——领导眼里，属员贪污当然不好，但和其他很多事情相比，这哪能真算什么大问题呢？

四

一直到蟠桃会，这种微妙的平衡，再也无法保持了。

《西游记》的许多貌似忠实改编版本，其实影响远比原著要大。比如七仙女到蟠桃园采桃的一段。我这里不厌其烦，先抄央视《西游记》的台词：

孙悟空：哦？各路神仙都有？可曾请我齐天大圣？

众仙女窃笑。

红衣仙女：那，倒不曾听说。

孙悟空：啊——你们摘桃去罢！

众仙女散去。

黄衣仙女：什么齐天大圣，原来是个毛猴啊！

某仙女：小小的弼马温，还想赴什么蟠桃盛会！

于是猴子就怒了。难怪他怒，这就是上门骂人来的嘛。再看原著：

大圣即现本相，耳朵里掣出金箍棒，幌一幌，碗来粗细，咄的一声道："你是那方怪物，敢大胆偷摘我桃！"

慌得那七仙女一齐跪下道："大圣息怒。我等不是妖怪，乃王母娘娘差来的七衣仙女，摘取仙桃，大开宝阁，做蟠桃胜会。适至此间，先见了本园土地等神，寻大圣不见。我等恐迟了王母懿旨，是以等不得大圣，故先在此摘桃。万望恕罪。"

仙女们没有仗着自己是王母娘娘身边的人，就跟猴子摆谱。不但话说得很客气，而且下跪了。猴子问请谁，她们报了一大串名字之后：

大圣笑道："可请我么？"

仙女道："不曾听得说。"

大圣道："我乃齐天大圣，就请我老孙做个席尊，有何不可？"

仙女道："此是上会旧规，今会不知如何。"

之后，仙女就什么也没说，因为猴子听到这儿，就施法把她们给定了。

再然后，猴子就去盗酒偷丹，搅乱了蟠桃大会。最关键的是，这次蟠桃会的嘉宾名单里究竟有没有猴子，原著根本就没有交代。

五

确实是没请猴子，这种可能性是很大的。

可以参加蟠桃会的，却都是有头有脸的神仙。请猴子参加，会发生和真封猴子做大官一样的问题，其他神仙要抗议的。

意见还不仅仅来自这些天庭的既得利益者。我们知道，《西游记》的时代，世界不太平，到处都是妖怪。孙悟空在天上闲逛的这段时日，你知道李天王父子有没有又跑到什么山上去剿匪？金星老儿有没有又钻进什么洞里去招安？

让猴子参加蟠桃会什么的，这不是一次性的付出。给孙悟空的好处越多，以后天庭招安的成本就越大。别的妖怪完全也可以要求与猴子同等的待遇。所以，一个齐天大圣的虚衔加上一个桃树园子给你腐化，基本也就是天庭能够接受的底线了。

看原著，玉帝、王母基本还是想低调处理不让猴子参加蟠桃会的事，能糊弄过去就糊弄过去完了。当然，如果你实在接受不了，我们也就只好由绥靖变成开打了。

问题是，十万天兵的战斗力之低下，几乎出乎所有人的意料。

十万天兵天将

一

天兵天将这样不经打,玉皇大帝当然是始料不及。不要怪玉帝颟顸,那造反的猴子,对这一点也一样没有思想准备。

搅乱蟠桃大会,偷吃太上老君的金丹,这是捅了多大娄子?猴子明白得很,"这场祸,比天还大,若惊动玉帝,性命难存!"可是回到花果山,他却一点战备不做,反而带着一群妖王、猴子大搞派对。直到九曜星君打到水帘洞前:

……那小妖慌忙传入道:"大圣,祸事了,祸事了!外面有九个凶神,口称上界差来的天神,收降大圣。"

那大圣正与七十二洞妖王,并四健将分饮仙酒,一闻此报,公然不理道:"今朝有酒今朝醉,莫管门前是与非。"说不了,一起小妖又跳来道:"那九个凶神,恶言泼语,在门前骂战哩!"大圣笑道:"莫采他。诗酒且图今日乐，功名休问几时成。"

这一段，说是让人联想起隋炀帝那句"大好头颅，谁当斩之"是过了些。但要说这是看不到前途，放纵狂欢里有绝望悲凉的意味，总没什么问题。

直到水帘洞被打破洞门，猴子鸵鸟战术玩不成了，只好迎战。一交手，九曜星君一触即溃；斗五个天王，大胜且众小猴全无损失；战观音的弟子兼托塔天王的儿子惠岸行者，再胜。再后来被抓上天，反而得了直捣黄龙的机会。于是"不分上下，使铁棒东打西敌，更无一神可挡"。

后来猴子跟如来佛说，皇帝轮流坐，要玉帝把天宫让出来。这信心和野心是一点一点打出来的，不像是从来就有的远大志向。

二

参加这次花果山大会战的人里，哪吒之前是和猴子单挑过的。变个三头六臂，倒也足以让猴子"见了心惊"，正所谓：

> 以一化千千化万，满空乱舞赛飞虬。唬得各洞妖王都闭户，遍山鬼怪尽藏头。神兵怒气云惨惨，金箍铁棒响

飕飕。那壁厢，天丁呐喊人人怕；这壁厢，猴怪摇旗个个忧。发狠两家齐斗勇，不知那个刚强那个柔。

乒乒乓乓热闹得很，最后猴子用分身法脑后给了三太子一下。打成这样，有场面有气势，找个体育报纸的记者来报道，也该说是哪吒"惜败"了。

二十八宿里的奎木狼，后来下界为妖做了黄袍怪，也和猴子打了一场。当然也败了，但也不是没得打。好歹也是"战有五六十合，不分胜负"，猴子都打出快感来了：

行者心中暗喜道："这个泼怪，他那口刀，倒也抵得住老孙的这根棒。等老孙丢个破绽与他，看他可认得。"

这才打了个防守反击。赢是赢了，可人家黄袍怪也没伤着，躲起来了而已。书中按表，奎木狼是闹天宫时给猴子"打怕了的神将"。给人感觉是，论实力他也未必比猴子差多少，主要问题还是出在心理障碍上，跟"恐韩症"似的。

总之，这次大围剿，天兵天将里单独挑出来，不惧猴子的人物不在少数。所以，也难怪玉帝想不到，怎么这些人加起来，却反而不是对手。

三

承平日久,突然又打起仗来,政府军的战绩,向来是颇为不堪。不管它在开基立业的时候,是如何的所向披靡。

吴承恩写作《西游记》的时代(苏兴先生认为是嘉靖中叶),大明朝廷正在为倭患所苦。史书上经常提及的一件奇闻是,一支五七十人的倭寇:

> 登陆后深入腹地,到处杀人越货,如入无人之境,竟超过杭州北新关,经淳安入安徽歙县,迫近芜湖,围绕南京兜了一个大圈子,然后趋秣陵关至宜兴,退回至武进。以后虽然被歼,但是被他们杀伤的据称竟有四千之多。而南京为本朝陪都,据记载有驻军十二万人。(黄仁宇《万历十五年》)

此时的吴承恩,正在南京国子监中,对这一奇迹,想必印象深刻。他也不会不知道本朝的史实,土木堡之变,五十万大明天兵一触即溃,英宗皇帝成了瓦剌的俘虏。而蒙古人的兵力,不过是三五万人(或说两三万人)的骑兵先锋部队。

出动这样庞大的军团,皇帝和他身边的太监的本意,是通过强大的声威将瓦剌吓退。正如九曜星君在水帘洞前耀武扬威。然而一旦真正面对瓦剌的冲击,他们却几乎没有心理准备,也正如一看见猴子亮出金箍棒,"九曜星那个敢抵,一时打退",几乎不曾有像样的交锋。

由于后勤给养的不足和糟糕的指挥,明军很快就陷溺于厌战和恐慌的情绪之中。与其说是两万瓦剌骑兵冲开了明军的营垒,不如说是他们自己吓垮了自己。他们没有经过像样的军事训练,甚至不知道手里面先进武器的使用方法,一听到风声鹤唳就恨不得四散奔逃。一两个优秀的将领改变不了这混乱的局势。明军指挥部中不乏有军事经验的高级将领,然而大军仍然一溃千里。

所以也就不难理解,为什么二郎显圣真君来到花果山剿匪时,跟众天王首先交代的事就是:

> 若我输与他,不必列公相助,我自有兄弟扶持;若赢了他,也不必列公绑缚,我自有兄弟动手。

把天庭的军队支开,除开想独揽功劳的因素,一个很重要的原因只怕是:一旦成为猴子的突袭对象,这些天兵天将只怕又要兵败如山倒。而这些溃兵的冲击力,可远远大于悟空手下那四万七千猴精。这时候,他二郎神怕也没本事控制局面。

四

许多时候，敌人看似嚣张，其实能力有限。只要朝廷的将领，能得到体制的稍许变通，按照自己的方式训练军队，基本就是怎么打怎么有。看戚继光的传记，印象是这位抗倭名将训练好的他的戚家军后，就没怎么碰上过太过硬的挑战。

二郎神进攻花果山的策略也很简单：

第一，把不中用的天兵天将支开，省得碍事；

第二，把天罗地网打开，解除封锁，给敌人逃跑的空间，以免一个个负隅顽抗。果然，后来一开打，孙悟空手下的小猴没有像之前几仗硬挺到底，登时就散了。

第三，利用照妖镜的雷达监控系统，猴子逃到哪儿立刻就能追到哪儿，不给他喘息恢复的时间。

这就足够了，运筹帷幄已然决胜千里，后面什么斗武艺赌变化，都已经不影响大局。猴子变麻雀儿，二郎神变饿鹰；猴子变大鹚老，二郎变大海鹤；猴子变鱼，二郎变鱼鹰；猴子变水蛇，二郎就变一只朱绣顶的灰鹤。猴子只是逃，没有反击。最后猴子变花鸨，因为这"乃鸟中至贱至淫之物"，二郎随便变什么鸟都不好意思近身，这就近于输了脱裤子了。

然后猴子就放弃花果山革命根据地了。先到灌江口，然后绕个大圈子居然又回到了花果山。这分明是搞长征，而历史的经验告诉我们，除了共产党毛主席、黄巢、石达开这些搞长征的，从来就没有好结果。

果然，包围圈已经形成。"众天丁布罗网，围住四面；李天王与哪吒，擎照妖镜，立在空中；真君把大圣围绕中间，纷纷赌斗哩。"被擒只是时间问题。至于观音菩萨和太上老君在南天门争辩该用水净瓶还是金钢套敲猴子一下，这根本是在探讨如何分配胜利果实了。

从头到尾，猴子虽然始终不失嬉皮笑脸的革命乐观主义精神，但一点翻盘的机会都没有。

俞大猷、戚继光郁郁而终，二郎神也不被玉帝待见。要打仗朝廷离不开他们，可无论如何，他们发展体制外的军事力量，至少是一个潜在的不安定社会因素。

后来八卦炉中逃大圣，猴子打得九曜星闭门闭户，四天王无影无形。玉帝为什么宁可请西方佛祖出面，也不再找二郎神了？

很简单，猴子已经打到通明殿里，灵霄殿外。这次乱子可是出在政府中枢，心脏地带了。让地方上的割据武装进入中央，那是什么概念？玉帝可不想预演二百天（人间是二百年）后，何进引董卓进洛阳，毁了东汉天下的故事。

五

要说从头到尾，天兵天将没有一点战绩，那也忒将他们瞧得小了。"那四大天王收兵罢战，众各报功：有拿住虎豹的，有拿住狮象的，有拿住狼虫狐狢的，更不曾捉着一个猴精。"

这些狼虫虎豹，七十二洞妖王，是什么角色？花果山的土著，看猴子法力高强所以表示归顺。认个大哥只求少交点保护费，造反天庭的心思，他们哪里敢有。

可就是这些被裹胁进来的，成了天庭的重点打击对象。发动了这么大规模的战争，一点战果没有，阿兵哥的利益何在？朝廷的颜面何存？

猴子对他们的态度呢？

> 胜负乃兵家之常。古人云："杀人一万，自损三千。"况捉了去的头目乃是虎豹狼虫、獾獐狐狢之类，我同类者未伤一个，何须烦恼？……

正所谓：官来如篦，匪来如梳，天下兴亡，匹夫何辜？

轻狂的石头

猴子对权力的兴趣，属于很不稳定的那种。

说他不在乎，当猴王是他自己跳出来要的，"皇帝轮流做，明年到我家"的口号，他确实也喊了。说他在乎吧？一部书看下来，就见他时刻忍不住的要顽皮胡闹，哪有弄权的人能是这个德行？直到五百年后，观音菩萨经过五行山，说起闹天宫的旧事，他连忙大叫："是那个在山上吟诗，揭我的短哩？"革命成败不是关键，考虑的也就是个面子问题。

猴子好虚荣，所以在这个权力社会里，哪怕只是追求一种被认同感，权力他也不可能完全放得下。但猴子也是真自恋，——不是时下流行的那种，借着时尚、品牌之类当个性的自恋，这个其实只好叫恋物——他是如此热衷于展示他的才能是如何的胜过旁人。对他这种性子的人而言，不是靠自身，而是利用一套统治机器来让别人低声下气唯唯诺诺，那就太不过瘾了。于是猴子就常常会去争取权力，却几乎不怎么会运用权力。

这种性格听起来也许还算不坏，但实际上却很可能比什么都糟。

猴子不是清高的隐士，不会刻意躲开政治斗争的漩涡，甚至那些乌七八糟的事儿，他不知不觉就在往自己身上揽。尤其糟糕的是，由于他是真有点才华和魅力，很容易让人误以为，追随他也不失为一种前途。他身边还颇能聚集一帮人。猴子第一次反出天宫，就来了这么两位：

> 正饮酒欢会间，有人来报道："大王，门外有两个独角鬼王，要见大王。"猴王道："教他进来。"那鬼王整衣跑入洞中，倒身下拜。美猴王问他："你见我何干？"鬼王道："久闻大王招贤，无由得见；今见大王授了天箓，得意荣归，特献赭黄袍一件，与大王称庆。肯不弃鄙贱，收纳小人，亦得效犬马之劳。"猴王大喜，将赭黄袍穿起，众等欣然排班朝拜，即将鬼王封为前部总督先锋。鬼王谢恩毕，复启道："大王在天许久，所授何职？"猴王道："玉帝轻贤，封我做个甚么'弼马温'！"鬼王听言，又奏道："大王有此神通，如何与他养马？就做个'齐天大圣'，有何不可？"

这两个独角鬼王的出现看似无甚必要，一般《西游记》的改编版本就都删去了。其实为什么不就由猴子身边的小猴来提出这个建议，大有深意。猴子自己政治素质有限，原来手底下更都是草台班子，没出过花果山的猴精。要他们给孙悟空黄袍加身，再发明出像"齐天大圣"这么有创意的尊号，他们干不出来。

这时候像这种富有政治投机色彩的角色来凑热闹，是少不了的。猴子未必真对弄个新政权出来有多大兴趣，他在花果山虽然也模拟出了点草头王的威严，但总的说来，追求的也就是个上不服天管下不服地管的快活日子。所以他的实力要转化成一股政治势力，必须要有来自外界的力量推动。

至于"齐天大圣"的旗号一打出来，这就不再是想做化外之民，而是跟玉帝挑明了自己要另立新政权的意思。猴子都未必清晰意识到了这层含义。幸亏太白金星吃透了猴子的心理，知道他"只知出言，不知大小"。不然，十万天兵围剿花果山，就要提前了。

鲁迅先生有篇著名的演讲《魏晋风度及文章与药及酒之关系》。"乱蟠桃大圣偷丹"一回，大圣先喝多了蟠桃会上的御酒，再去吃太上老君的丹药，于是作了打上灵霄宝殿这篇大文章。真真是名士风流乱天下。

某种意义上说，猴子还不如那些虚伪自私的政客。高明一点的政客们要收揽人心，至少懂得要玩"仁术"，知道对别人不能太过分。管他虚情还是假意，好政策出台带来的实惠，总是真的。

猴哥的行为，正是极好的写照：而若是不能和猴子建立起私人的感情，那猴子对他的追随者，则完全不负责。那两个鬼王跟了猴子，心里一定后悔得要死。他们和七十二洞妖王一起被天兵捉去，这时猴子是怎么说的？前面引过，再强调一遍：

> 胜负乃兵家之常。古人云：杀人一万，自损三千。况捉了去的头目乃是虎豹狼虫、獾獐狐狢之类，我同类者未伤一个，何须烦恼？……

要是你是一只什么其他动物，一天血战后侥幸没被天兵天将捉去。这时正躲在洞底舔着身上的伤口，忽听了这个话，你寒心不寒心？

《三国演义》里面，吕布被困在下邳，大概也是近似猴子这样一个态度。于是众将怒了，"布只恋妻子（换成悟空，就是只顾猴子），视吾等如草芥"，于是就由两个菜鸟级别的武将趁吕布熟睡的时候，把他给绑了，献给了曹操。

相比而言，猴子还有机会再和二郎神死磕一仗，运气算很好了。

大概，猴子这种人日常处处，也许不失为不错的朋友。但他也去搞政治，可真是动静越大，危害越大。就好像司马迁写起项羽来，笔锋带着何等的感情；写刘邦，又有多少的皮里阳秋。然而，他在《高祖本纪》后面发议论，说什么"故汉兴，承敝易变，使人不倦，得天统矣"，却应该也是真心话。

所以，尽管是猴子的粉丝，但看到如来以甚大法力，"翻掌一扑，把这猴王推出西天门外，将五指化作金、木、水、火、土五座联山，唤名五行山，轻轻的把他压住"，我也要跟着阿傩、伽叶，念"善哉、善哉"的。

两会背后

一

猴子被镇压,玉帝召开"安天大会"。照例,这种庆功会,场面会弄得比较沉闷。因为一切都要程式化,即使真的开心,也会像是假的。

幕后应该是有故事的,玉帝笑得不会像电视剧里那么又愚蠢又真诚。小说里的天庭和西天大雷音寺,差不多是两个独立系统。请如来,相当于向外国借兵来敉平内患。这以后,一定要花大价钱补偿的。

佛教什么时候传入中国的说法很多,向来最著名的还得数"永平求法"。汉明帝梦见一个金色的神人,醒来一问,有人说是佛。于是明帝就派人去西域取经了。

永平是汉明帝的年号,公元58年到75年,猴子被镇压大概是公元十几年的事。在天上,相隔不过是几十天。不知道这一个多月的时间里,天庭和西天有没有紧张磋商。最终天庭做出了让步，中土对佛教解禁。

自然，这样重大的负面新闻，天庭的媒体是不会报道的，史官也不往汗青上写，所以吴承恩也就失载了。

二

从王莽篡汉到唐太宗时候，猴子在五行山下大概被压了六百年，五百年是"半千年"，说起来比较好听。

这时佛祖又开了个会，会议的名字很有意思：

> 佛祖居一月灵山大雷音宝刹之间，一日，唤聚诸佛、阿罗、揭谛、菩萨、金刚、比丘僧、尼等众，曰："自伏乖猿，安天之后，我处不知年月，料凡间有半千年矣，今值孟秋望日。我有一宝盆，具设百样花，千般异果等物，与法等享此'盂兰盆会'，如何？"

听这话，盂兰盆竟是个宝盆的名字。稍有佛教常识的谁不知道，盂兰盆应该是梵语音译，意译的话，则是"解倒悬"。

这就要看怎么理解了。宏观上，是要把《三藏真经》传到东方去，使南赡部洲的人脱离"口舌凶场，是非恶海"，这是大的"解倒悬"。

微观上,是不是也在说有一批受苦劳改的人,该刑满释放了?进一步的具体化,佛祖刚刚忽然又提那捣蛋猴子(乖猿)干吗?

难怪后面观音菩萨路过五行山见猴子,要"特留残步"。

当然,需要解倒悬、被救赎的具体人选,绝不止猴子一个。

三

明明是自己要去东方传教,但不送货上门,而是要人家千辛万苦的来求,是高明的促销法。

如来说要派人去东土找取经人,观音菩萨就站出来说,我去。

如来只说要"寻一个善信",没有具体的人选,预备公平公正公开选拔的意思;观音站出来,也没推荐谁。

观音到了东土,挑中了陈玄奘大阐法师。

妙在,这位玄奘和尚,恰恰本来就是"因为不听佛讲"而受罚的如来弟子。

妙在,当初送玄奘到大唐来投胎,恰恰是这位观世音菩萨。

要说这背后没有一点猫腻,你信不信?

大慈大悲救苦救难的南海普陀落伽山观世音菩萨,不愧是很老到的评估专家了。

发现玄奘法师之前,她已经在大唐长安城里寻找取经人选很久。各项工作都很到位,甚至,她吩咐城隍、土地不要泄漏自己的行踪,好搞突击检查,不给别人弄虚作假的机会。

所以,举贤不避亲的话,她大可以响当当的说。你不信,就是你心理阴暗了。

第一次亲密接触

多亏唐僧的到来，猴子得以五行山下脱困，开心是真开心，感激是真感激。刚把猴子收到身边的时候，唐僧心头的欣喜，怕也比猴子差不了多少。

一

在长安城里，玄奘和尚早就是成功人士。唐太宗要"选举一名有大德行者作坛主，设建道场"，一批政府高官去主持选拔，一下子就选中了他。你以为光靠学术水平（何况从后面我们知道，唐僧对佛法的理解真不怎么样），没点政治资源，是能做到的？

唐僧在长安城化生寺开演诸品妙经，七日正会上，观音菩萨现了法身，说是有大乘佛法，在"大西天天竺国大雷音寺我佛如来处，能解百冤之结，能消无妄之灾"，叫人去取。

这时候是怎样一个场合？唐王在，玄奘法师是唐王钦点的

"左僧纲、右僧纲、天下大阐都僧纲",就在不久之前,观音菩萨还假手唐王,赐给玄奘法师袈裟和锡杖。

基本上,就是由不得别人站出来说要去,也由不得唐僧说不去。

于是唐僧就挺身而出:

"贫僧不才,愿效犬马之劳,与陛下求取真经,祈保我王江山永固。"

"我这一去,定要捐躯努力,直至西天。如不到西天,不得真经,即死也不敢回国,永堕沉沦地狱。"

当然,可以相信他是真诚的。不过对取经的困难估计不足,也是肯定的。他觉得取经不过是几年工夫,实际上一路走了十四年。他说,"心生,种种魔生;心灭,种种魔灭",话说得很有境界,可后来一出现客观存在的魔头,心灭不了,他就傻了。

二

碰到猴子之前,唐僧的遭遇是怎样的?

出发没几天,还没出大唐国境,就碰到寅将军、熊山君、特处士三个妖精。当着唐僧的面，把他两个随从"剖腹剜心，剁碎其尸"，很有尊卑长幼之节的给吃了。后来虽蒙太白金星搭救，——但只是脱出困境而已，几个妖精可皮毛也没伤着，谁知道会不会再次出现？

往下，被困于虫蛇虎豹之间，虽然没被攻击，却也被吓得走不动道了。幸亏双叉岭的猎户刘伯钦出现，才算又有了继续前进的勇气。

这之后，唐僧就把刘伯钦当作倚靠了。到两界山，听说刘伯钦不能再送自己了，唐僧是什么反应？"牵衣执袂，滴泪难分"。

基本上，这就快到精神崩溃的边缘了。此时能逮着一个猴子这样的徒弟，唐僧的感觉，该跟样板戏里，老乡看见共产党差不多吧。

三

从我们事后诸葛亮的角度看，有一件事，观音做得挺失策的。她不该那么早跟猴子说，将会有人来救你，你给他作个徒弟。

观音告知猴子消息后，到长安是片刻间事。可是她住在土地庙里"访察取经的善人"，却是"日久未逢真实有德行者"。

这个"日久"是多久不好说，不过猪八戒是见过菩萨之后才入赘高老庄的，之后上门女婿做了三年。看来几年工夫是有的。

猴子被压在山下五百年了，寂寞透顶，备受煎熬，看前途始终一片黑暗。忽然听说有了解脱的希望，欣喜之何如，那是不消说得。这几年里，当然是日夜盼望着唐僧的到来。"师父，你怎么此时才来？来得好，来得好！救我出来，我保你上西天去也！"真是心声。

同时，猴子怕也不免一直在设想，这个来救自己脱困的，将是何等人物吧？

绝境中的人幻想自己的救星，大约总是往英明神武的路线上走的。何况，观音还说了要他拜取经人为师。有和菩提祖师相处那十年的经验，"师父"这个词，在猴子脑海里，该是很温馨的回忆。于是，猴子对这个还未见面的师父，大概还会有些格外的期待。

所以，等发现唐僧是个脓包似的和尚，猴子怕是几乎要生出荒诞感来。

不久之后，猴子打死几个蟊贼，唐僧跟他絮叨个没完。猴子一怒，就撂挑子了。

固然，是"这猴子一生受不得人气"。但对老和尚这么没耐性，也是希望越大失望越大的普遍真理的体现吧。

四

如果观音不做预告,就是在唐僧过五行山时到场一下,告诉猴子,放你出来,你跟他走。那猴子心里,就只有感激,而少了个期待落空的过程。那么,念想着唐僧救自己的好,对老和尚诸多酸腐低能的表现,大概也能宽容好多。

就像这两年的诸多影视大片,凡是播放前宣传低调些的,播出后的反面意见,也就会少些。

唐僧

《西游记》书里，唐僧是个屠头。倒也未必是作者有意丑化，大约中国古代作家写起这些道德超人来，用笔总是缺少必要的分寸。刘备宋江之类也全是一个毛病，很让人有点"脓包形"的感觉。电视里唐僧的形象要好得多，编导们大约考虑到他好歹也算个正面人物，如果照搬原著，一听说有妖怪来了就立刻面如土色，完全类似我八一电影制片厂出品的伪军形象，观众难以接受。任举一例，第十五回"蛇盘山诸神暗佑，鹰愁涧意马收缰"：

> 三藏道："徒弟呀，那厮能有多大口，却将那匹大马连鞍辔都吃了？想是惊张溜缰，走在那山凹之中。你再仔细看看。"行者道："你也不知我的本事。我这双眼，白日里常看一千里路的吉凶。象那千里之内，蜻蜓儿展翅，我也看见，何期那匹大马，我就不见！"三藏道："既是他吃了，我如何前进！可怜啊！这万水千山，怎生走得！"

说着话,泪如雨落。行者见他哭将起来,他那里忍得住暴躁,发声喊道:"师父莫要这等脓包形么!你坐着!坐着!等老孙去寻着那厮,教他还我马匹便了。"三藏却才扯住道:"徒弟啊,你那里去寻他?只怕他暗地里撺将出来,却不又连我都害了?那时节人马两亡,怎生是好!"

碰到这种难伺候的人,也难怪猴子要"越加嗔怒,就叫喊如雷道:'你忒不济!不济!又要马骑,又不放我去,似这般看着行李,坐到老罢!'"

总之,于生死之际,老和尚是看得极重的,绝无一般高僧身上应有的勘破红尘的豁达。所以他在比丘国为了活命,竟不惜对大徒弟声言:"你若救得我命,情愿与你做徒子徒孙也。"

关于唐僧耳软偏听的毛病,历来评论者分析颇详,兹不赘。这里我要补充谈到的一条是,作为"自幼出家的高僧,十世修行的好人",唐僧的佛学修养也其实可疑。第三十二回"平顶山功曹传信,莲花洞木母逢灾":

师徒们正行赏间,又见一山挡路。唐僧道:"徒弟们仔细,前遇山高,恐有虎狼阻挡。"行者道:"师父,出家人莫说在家话。你记得那乌巢和尚的《心经》云'心无挂碍;无挂碍,方无恐怖,远离颠倒梦想'之言?但只是

'扫除心上垢，洗净耳边尘。不受苦中苦，难为人上人。'你莫生忧虑，但有老孙，就是塌下天来，可保无事。怕甚么虎狼！"长老勒回马道："我

当年奉旨出长安，只忆西来拜佛颜。

舍利国中金象彩，浮屠塔里玉毫斑。

寻穷天下无名水，历遍人间不到山。

逐逐烟波重迭迭，几时能彀此身闲？"

行者闻说，笑呵呵道："师要身闲，有何难事？若功成之后，万缘都罢，诸法皆空。那时节，自然而然，却不是身闲也？"长老闻言，只得乐以忘忧。放辔催银骔，兜缰趱玉龙。

这种开头，是《西游记》里一个固定的套子。可以注意的是，孙悟空为让唐僧宽心所说的那番话，重心还不是"但有老孙，就是塌下天来，可保无事"，而是"出家人莫说在家话"云云，他是以一个佛法上的教导者的身份出现的。小说里的唐、孙对话，往往都是唐僧近于一般小市民的立场，畏难，思乡，而悟空即以佛法开导之。唐僧是凡人，在妖怪面前只有依赖悟空可以理解，但在对佛法的认识问题上，还时常需要一只半路出家的猴子来开导，就未免有些说不过去。正像中文系的老师，体育水平不如学生没关系，但对文学史，总该要比较熟

悉一点才对。

通《西游记》看下来，唐僧最大的好处大约只有禁欲。这种生活态度，对今天很多人而言，固然已未必容易理解，但意志力却毕竟值得佩服。

不过，其曰"补偿效应"也欤？这个戒律精严的和尚做起诗来，却绝无和尚家风。曰"吟怀潇洒满腔春"，曰"袖手高歌倚翠栏"，最可骇怪者，是乌鸡国宝林寺中作的排律，句云："乍临汉苑惊秋鬓，才到秦楼促晚奁。"秦楼者，妓院也。如果唐僧的十世元阳确实经过了如来佛法眼鉴定，ISO 国际认证，那么他似乎可以被认为是贾宝玉以前最典型的意淫案例。

观音禅院的人情冷暖

一

接受保唐僧去西天取经的任务,将要付出怎样一种代价,猴子其实是有心理准备的。五行山下,五百年太久,哪怕仍然是监禁与折磨,换一种形式,也是好的。

所以对紧箍咒,猴子的怨气,也许其实并没有很多人想象的那么大。

> 菩萨笑道:"你这猴子!你不遵教令,不受正果,若不如此拘系你,你又诳上欺天,知甚好歹!再似从前撞出祸来,有谁收管?——须是得这个魔头,你才肯入我瑜伽之门路哩!"行者道:"这桩事,作做是我的魔头罢……"

下面,猴子主动就转开话题了。这,算不算是把梁子"轻轻揭过"?

所以，唐僧用欺诈手段骗猴子把金箍戴在头上，猴子一时的激愤过后，就并没有再盘算打击报复。——不然，想偷着把这傻老和尚怎么样一下，还不容易？

相反，唐僧很紧张。之后一段时间里，被欺骗者是轻松而无心机的；而骗子，则对被自己骗过的人，表现出一种神经质似的提防和猜疑。

师徒二人一路西行，到了个观音禅院。观音禅院的老院主金池长老图谋唐僧的袈裟，半夜里纵火，不想害人不成反害己。第二天唐僧起来，孙悟空告诉他真相，他是什么反应：

> 三藏闻言，害怕道："是他们放的火么？"行者道："不是他是谁？"三藏道："莫不是怠慢了你，你干的这个勾当？"

然后，唐僧口口声声说是要念紧箍咒；发现袈裟不见了，他也就真的念了紧箍咒。袈裟被盗，行者出去设法夺回，时间耽搁得久了些，老和尚便开始琢磨，猴子是不是"托故而逃"了。

二

金池长老活了二百七十岁，虽然已经退居二线，不再担任行政领导的职务（该禅院另有主管具体事务的院主），但在观音禅院，显然还是备受尊崇的。

他说话占分量，别人说话时刻记得要顺带拍他一点马屁。乃至，虽然他满面皱痕，一双昏眼，"口不关风因齿落，腰驼背屈为筋挛"，他的性需求也是要充分满足的。所以长老的身边，总有两个幸童服侍。

这样一位老院主看中了唐僧的袈裟，观音禅院也就全寺总动员起来。

金池被锦襕袈裟迷了心窍，然而本来也未见得就有太多的想法。可是他一说要长远的穿袈裟，自然有跳出来出狠主意的人。

一个叫广智的小和尚说，该动刀子把唐僧师徒杀了。然后另一个叫广谋的，就具体杀法提出修正案。再然后就阖寺"七八十个房头，大小有二百余众，当夜一拥搬柴"。

都是为了满足老院主的心愿才这么积极的么？小和尚的话里，到底还是透露出一点另外的心意。抢了袈裟，"以为传家之宝，岂非子孙长久之计耶？"袈裟是老和尚的，也是小和尚的，可归根结底是小和尚的。

后来东窗事发，老和尚"寻思无计，进退无方，拽开步，躬着腰，往那墙上着实撞了一头，可怜只撞得脑破血流魂魄散，咽喉气断染红沙！"。

这时候，出主意的广谋、广智都没见怎么的，至于只是动手的小和尚，那简直是无辜如不明真相的群众了。在行者面前，就一个赛似一个的很纯洁：

"……这都是那老死鬼的不是。他昨晚看着你的袈裟，只哭到更深时候，看也不曾敢看，思量要图长久，做个传家之宝，设计定策，要烧杀老爷；自火起之候，狂风大作，各人只顾救火，搬抢物件，更不知袈裟去向。"

……

"爷爷呀！原来是腾云驾雾的神圣下界！怪道火不能伤！恨我那个不识人的老剥皮，使心用心，今日反害了自己！"

好一个"老死鬼"，好一个"老剥皮"。前一天晚上，"师祖"、"公公"的，言犹在耳，叫得亲热着哩。

三

和尚们预备纵火的时候，猴子一个筋斗窜上南天门，找广目天王借避火罩。

首先碰上的，是庞刘苟毕，马赵温关。他们很紧张，"不好了，不好了！那闹天宫的主子又来了！"

这些人都是天庭的基层军官。猴子已经被纳入体制的新闻，他们还未必有机会知道。何况下层人的感情往往比较朴素，所谓爱憎分明。"没有永恒的朋友，也没有永恒的敌人，只有永恒的利益。"像这种高论的精神，他们就不大容易吃透。

这时广目天王就来了。"久阔，久阔。前闻得观音菩萨来见玉帝，借了四值功曹、六丁六甲并揭谛等，保护唐僧往西天取经去，说你与他做了徒弟，今日怎么得闲到此？"

到底身份不同。一派老交情的口吻，当初被猴子赶得"四天王无影无形"的糗相，好像从来就不曾有过。取经这事，是佛祖亲自规划的项目，重大意义自不待言。所以广目天王虽然对猴子用避火罩救火有些不同意见（"你差了，既是歹人放火，只该借水救他，如何要辟火罩？"），却也没有推托。

何止是广目天王。后来猴子在取经路上，有事找哪路神仙，谁见着他不是个故旧重逢的模样呢？

想想五百年里从没人来看自己的寂寞，猴子心里，能没有一点感慨么？

《西游记》不曾写。只看表面，猴子得意于自己的交游广，人情熟，对这种待遇，还是很享受的。

四

人身上的诸般优良品质，最易为苦难磨损的，大约便是同情心罢？

观音禅院火起，附近的黑风山上有个黑熊怪看见火光赶来，乘乱盗走了袈裟。行者几次欲夺回袈裟不能成功。于是去南海普陀山，请来了观音菩萨。

观音菩萨收熊罴：

> 却把一个箍儿，丢在那妖头上。那妖起来，提枪要刺，行者、菩萨早已起在空中，菩萨将真言念起。那怪依旧头疼，丢了枪，满地乱滚。

于是，便"半空里笑倒个美猴王"。

兔死狐悲，熊疼猴笑。行者好像浑然未介意，此刻熊罴头上这个箍儿，和自己头上的本是"一样三个"。就在不久前，唐僧大念其紧箍咒，自己也是这样疼得满地打滚。

看菩萨不念了，行者又说：

> 诚然是个救苦慈尊，一灵不损。若是老孙有这样咒语，就念上他娘千遍！这回儿就有许多黑熊，都教他了帐！

这也不差似中国人被杀头中国人来围观了。想来，大先生读《西游记》至此，弃医从文的心思，也该又坚定了几分。

三个紧箍

如来派观音姐姐去东土物色取经人，同时给了三个箍儿：

> 此宝唤做"紧箍儿"；虽是一样三个，但只是用各不同。我有"金紧禁"的咒语三篇。假若路上撞见神通广大的妖魔，你须是劝他学好，跟那取经人做个徒弟。他若不伏使唤，可将此箍儿与他戴在头上，自然见肉生根。各依所用的咒语念一念，眼胀头痛，脑门皆裂，管教他入我门来。

早有人揭发了观音的贪污行为。明明三个箍儿都是给取经人的徒弟的，可观音却半途截留了一大半。一个给了熊罴，收服他做了个落伽山的守山大神；一个给了红孩儿，约束他在身边做个善财童子。

当然也可以为观音辩护。另两个箍儿唐僧确实用不着嘛。紧箍咒之类的规矩，本来就是只有针对猴子这种有才华有反骨又比较有操守的人，才用得着且才管用的。沙僧是个没用的，也看来是基本守规矩的，不必咒他；八戒立场不坚定爱闹散伙，倒是该上个箍儿，——可咒猴头唐僧是没什么客气，对猪，老和尚难道又舍得念了？

然而问题也正在这里。佛祖说了，要找"神通广大的妖魔"给取经人做徒弟。八戒、沙僧两个，够得上这考语么？

神通广大而想加入取经队伍的妖魔，不是没有。随便举两个例，比如六耳猕猴：

……我打唐僧，抢行李，不因我不上西方，亦不因我爱居此地；我今熟读了牒文，我自己上西方拜佛求经，送上东土，我独成功，教那南赡部洲人立我为祖，万代传名也。

比如黄眉老佛，他跟猴子说：

……如若斗得过我，饶你师徒，让汝等成个正果；如若不能，将汝等打死，等我去见如来取经，果正中华也。

这两个的本事，都不差似孙猴子。若是让他们都来保唐僧，行者是能轻松很多，不过观音要把两个箍儿落袋，也就不能了。

反正就靠折腾行者一个，任务也是能完成的。人才最贵，所以不用或少用人才，也是节约成本的重要法门啊。

高老庄

一

取经队伍里，猪八戒最爱闹散伙，是不奇怪的。

猴子被压五行山下，不取经，他就不得出来。

小白龙的遭遇，几乎是"最后一秒钟营救"的故事。"不日遭诛"的情况下得观音求情。堂堂龙子，给取经人做个脚力，固然是屈辱。可是不这样，他就是个死。

沙僧在流沙河，每七天被利剑在胸胁下穿数百下。观音说你跟着去取经，这酷刑就给免了。

只有猪，被贬下界后，并没有被追加处罚。取经，是"依着官法打杀，依着佛法饿杀"，未必好过"捉个行人，肥腻腻的吃他家娘"。

观音菩萨说动八戒出家的理由是什么？说来可笑：

……汝若肯皈依正果，自有养生之处。世有五谷，尽能济饥,为何吃人度日?

明明是许了一个有饭吃的前程。所以取经路上填不饱肚子,八戒要叫,也可说是理直气壮。——菩萨的承诺没兑现嘛!最后如来封他做净坛使者,该说是这里就埋下伏笔了。

二

八戒和高翠兰的夫妻感情,至少看起来还是不错的吧。行者变化了骗他:

> ……托着那怪的长嘴,叫做个小跌。漫头一料,扑的掼下床来。……我因今日有些不自在,若每常好时,便起来开门等你了。你可脱了衣服睡是。"那怪不解其意,真个就去脱衣。

再自我感觉良好,也有个起码的准谱,这番对话很能说明问题。行者摔八戒一跤,八戒便问,你是不是怪我今天来得迟了。大概真高翠兰素常往日,至少是做出个盼他早点来的姿态的。行者说:"若每常好时,便起来开门等你了。"八戒听了毫不诧异,可见也是事实。

只不知，高翠兰对八戒这态度，是出自真心，还是迫于威势，不得不然。八戒被唐僧带走，《西游记》写了高老乃至诸亲友的反应，却独对高翠兰不置一词。

大概，赶猪八戒走人，乃是高老儿的紧要心愿。至于这女儿家心里是愿意还是不愿意，原是不必挂怀的。

三

高太公为什么容不得猪八戒这个女婿？理由，高家的家人高才讲过，高太公前后更好几次说起。

长相肯定是问题。"初来时，是一条黑胖汉，后来就变做一个长嘴大耳朵的呆子，脑后又有一溜鬃毛，身体粗糙怕人，头脸就像个猪的模样。"

但这不是关键。高才没提，高老儿也只是一带而过。——顺带说一句，高家的审美观念似乎是很宽松的。对八戒变出来的"一条黑胖汉"，高老儿的评价是"模样儿倒也精致"。

然后是吃得太多。"食肠却又甚大：一顿要吃三五斗米饭，早间点心，也得百十个烧饼才彀。喜得还吃斋素；若再吃荤酒，便是老拙这些家业田产之类，不上半年，就吃个罄净！"

这条又是只有高老儿说，高才不提的。大概，同样作为被压迫阶级的高才也觉得，这话是高太公残酷的剥削阶级本性的暴露。对此，唐僧和猴子也都忍不住出来反驳。

唐僧说："只因他做得，所以吃得。"猴子后面讲得更直接："他虽是食肠大，吃了你家些茶饭，他与你干了许多好事。这几年挣了许多家资，皆是他之力量。他不曾白吃了你东西，问你祛他怎的？"于是高老也就承认，"吃还是件小事"。

那，症结究竟何在？

四

苏童有一部小说，叫《新天仙配》。说董永和七仙女被拆散鸳鸯，不是因为王母娘娘作梗，倒是为了乡里乡亲们古怪的眼光。

乡下地方，那个从天而降的七仙女，实在是个另类。显然，闹洞房的时候，她无法按照传统的习俗，"穿越男人们的裤裆"。而且，她的身材如此纤细，也不免让亲友们疑惑，她能够为董家传宗接代么？

琐碎而无所不在的压力累加起来，董永顶不住了，七仙女也就只好无奈地回到天上。美丽能干如七仙女都是这样的命运，何况猪八戒呢？

招了个妖精做女婿，显然让高太公成了附近九村八镇的笑柄：

老高道:"长老,虽是不伤风化,但名声不甚好听。动不动着人就说,高家招了一个妖怪女婿!这句话儿教人怎当?"

这是实话。之前有所谓"坏了我多少清名,疏了我多少亲眷"云者,疏了亲眷,是高老儿怕被取笑而不敢和亲眷们来往,而不是亲眷们因为妖怪可怕而不愿意再和老高来往。由高老儿请人来陪唐僧聊天,亲眷们一请便来可知。

赶走猪八戒,是高太公为了挽回声誉作的最后努力。然而效果似乎不佳,亲眷们倒像是专为看笑话而来的:

那高氏诸亲友与老高,忽见行者把那怪背绑揪耳而来,一个个欣然迎到天井中,道声:"长老,长老!他正是我家的女婿!"

《西游记》的习惯,是不怎么注意主谓宾搭配的。有些话,得联系上下文才能弄清楚到底是谁说的。

比如上面引的这句。"欣然迎到天井中"中的,是"高氏诸亲友与老高",这没有问题。嚷嚷着"长老,长老!他正是我家的女婿"的,却一定没有老高在内。

五

行者收八戒，一亮出取经人的身份，八戒马上就"丢了钉钯，唱个大喏"。行者要他把住处烧了，才肯带他去见唐僧，八戒也没半点犹豫。大概，观音说的"皈依正果，自有养身之处"云云，在八戒心目中实在印象深刻。

可八戒此时对什么是出家，似乎是全无概念的。他仍然管老高叫"丈人"，又指着唐僧和猴子对老高说，"爷，请我拙荆出来拜见公公伯伯，如何？"

是真呆还是装傻不重要。有这么个铺垫，以后闹散伙要回去当女婿，也就不是什么太严重的问题了，不知者不罪嘛。

而且，和猴子那种时时忍不住要展示自己的佛学修养胜过唐僧的态度相比，猪给自己来这么个定位，能招来老和尚多少怜爱的目光啊。

猪猴关系

事实胜于雄辩，思辨不如抄书。下面按顺序把收八戒以后的几个故事列出来：黄风怪故事；过流沙河收沙僧；观音菩萨等"试禅心"；万寿山五庄观，偷吃人参果；白虎岭上三打白骨精故事；碗子山波月洞，黄袍怪故事；平顶山莲花洞，金角大王银角大王故事。

猪八戒给孙悟空"善猪恶拿"，加入了取经的队伍。他拜唐僧为师，虽早有观音菩萨打下伏笔，但直接责任人是悟空。八戒想成正果，但本质是恋家的，对取经他的内心态度有矛盾。八戒拜师后不久，师徒三人有这样一番对话：

三藏道："悟空，你看那日落西山藏火镜，月升东海现冰轮。幸而道旁有一人家，我们且借宿一宵，明日再走。"八戒道："说得是，我老猪也有些饿了，且到人家化些斋吃，有力气，好挑行李。"行者道："这个恋家鬼！你离了家几日，就生报怨！"八戒道："哥啊，似不得你这喝风呵烟的人。我从跟了师父这几日，长忍半肚饥，你可晓得？"三藏闻之道："悟能，你若是在家心重呵，不是个出家的了，你还回去罢。"那呆子慌得跪下道："师父，你莫听师兄之言。他有些赃埋人。我不曾报怨甚的，他就说我报怨。我是个直肠的痴汉，我说道肚内饥了，好寻个人家化斋，他就骂我是恋家鬼。师父啊，我受了菩萨的戒行，又承师父怜悯，情愿要伏侍师父往西天去，誓无退悔，这叫做恨苦修行，怎的说不是出家的话！"三藏道："既是如此，你且起来。"

要投宿，是唐僧提议，八戒附议。行者说八戒抱怨，有夸大其词之嫌，也多少有点得罪了唐僧。但由此确实引出了八戒的抱怨，唐僧对八戒发作，八戒立刻在唐僧面前现出可怜相，唐僧终于感受到了孙悟空拜师以来他从未体会过的师父的尊严。这也预示了后来唐猪同盟形成的必然性。

接下来，斗黄风怪、收沙僧两个故事，八戒表现都不错，孙猪合作也较为融洽。猪八戒捡漏，打死黄风怪的虎先锋，悟空说："兄弟啊，这个功劳算你的。"表现出师兄弟间应有的谦让。过流沙河，行者自称不会水战，八戒下水。行者对观音菩萨说起此事时讲，"河中又有个妖怪，武艺高强，甚亏了悟能与他水面上大战三次，只是不能取胜。"评价颇高。这个时候，悟空对八戒的称呼也多是兄弟、贤弟，偶尔叫两声呆子，也含有亲切之意，不像后来常近于恨恨声，是真正的蔑视。

四众聚齐，观音菩萨要检验取经队伍意志是否坚定，与黎山老母、文殊、普贤变成了一套美女班子，进行色诱。检验结果当然是只有八戒"色情未泯"。菩萨变成贾莫氏，劝诱取经僧留下，其间八戒讲了三次"不要栽我，还从众计较"类似的话。对入赘当女婿，八戒想留下是一定的，但是不敢冒大不韪表态。抄书：

> 那八戒闻得这般富贵，这般美色，他却心痒难挠；坐在那椅子上，一似针戳屁股，左扭右扭的，忍耐不住，走上前，扯了师父一把道："师父！这娘子告诵你话，你怎么佯佯不睬？好道也做个理会是。"那师父猛抬头，咄的一声，喝退了八戒道："你这个孽畜！我们是个出家人，岂以富贵动心，美色留意，成得个甚么道理！"
>
> ……那妇人见他们推辞不肯，急抽身转进屏风，扑的把腰门关上。师徒们撇在外面，茶饭全无，再没人出。八戒心中焦燥，埋怨唐僧道："师父忒不会干事，把话通说杀了。你好道还活着些脚儿，只含糊答应，哄他些斋饭吃了，今晚落得一宵快活；明日肯与不肯，在乎你我了。似这般关门不出，我们这清灰冷灶，一夜怎过！"
>
> 悟净道："二哥，你在他家做个女婿罢。"

扯师父一把，是试探唐僧的意向，希望自己可以跟进，不必做出头鸟。唐僧干脆的否决，八戒也就退缩了。后来"师父忒不会干事"云云，是对唐僧的埋怨，也是给自己找台阶下，以示自己刚才对入赘流露出兴趣，并非真的动心，而是"会干事"，讲策略也。"清灰冷灶"的局面是唐僧也不愿意看到的，有趣的是，他希望能和贾莫氏打打圆场的时候，第一反应是说："悟空，你在这里罢。"这也可以看出三个徒弟在唐僧心目中的地位，刚刚有了悟能悟净，唐僧就觉得可以不要这个大徒弟了。

当然，八戒这点伎俩历来只瞒得了老和尚。沙僧当即看穿了他的用心，明确提出让他留下。孙悟空更是极表支持，又许诺不揭发八戒曾娶过妻一事。八戒给撩拨得更加按捺不住，但仍不敢公开表态，只说："大家都有此心，独拿老猪出丑。"

统观这回书，八戒最终下定决心入赘女婿，确实有部分是行者引逗的结果。没有行者的撩拨，八戒会不会留下？似乎难说。但照人性喜欢诿过的恶习，事后八戒很可能会认为不会。这次的庄园是菩萨显化，行者早已看出，心中是有数的。八戒了解到这一点，更可以断定，这泼猴怂恿自己留下，确实是有意"拿老猪出丑"。八戒在树林里给几条绳紧紧绷了一夜，对行者有怨气是必然的，也有一定合理性。不久后白虎岭三打白骨精，悟空看出几个人都是妖精所变，而八戒极力否认。活人刚死就变成骷髅，八戒不会真呆到认为是悟空乱杀人后造伪证,他白虎岭上的表现,很可能与这次"试禅心"在心理上有对应关系:上次你不是看穿了也不说,弄得老猪出洋相吗?这次你就是说了,我也说根本就不存在看穿这回事!

四圣试禅心和三打白骨精之间,只隔一个五庄观,八戒吊在树林里的那口怨气,可能一直就没有消。

五庄观故事,孙悟空偷人参果,八戒疑心猴子打了偏手,可能会令行者觉得人格受到侮辱。这次事件也当然会加重唐僧对行者的不满。五庄观里唐僧的表现,不过是见了人参果不识,错认为是未满三月的婴儿。没眼光而已,确实是无辜的。可就是为了猴子偷果倒树,他几乎给镇元大仙"活剥皮"(作者虽然没有明言,但用布裹了,刷上生漆,只能是为剥皮做准备)。他是不会想到,偷果会是"老实人"八戒出的主意的。

至此,唐、孙、猪之间的矛盾已经积蓄了极大的能量。尸魔变化来欺骗唐僧,是一个偶然事件,但现实效果却是造成了唐、猪憋了许久的怨气一起爆发。唐僧心理另文说,八戒唆嘴,这次也是包含着真正的恶意的。后来八戒对白龙马讲,"前者在白虎岭上,打杀了那白骨夫人,他怪我撺掇师父念《紧箍儿咒》。我也只当耍子,不想那老和尚当真的念起来,就把他赶逐回去。"是替自己撇清,不是实话。爆发的结果,唐猪同盟胜利,猴子被放逐。可以注意的是,到白虎岭为止,唐僧还没怎么碰到八戒沙僧对付不了,只有悟空出场才能收拾局面的妖精，唐僧对三个徒弟本事的高低还基本缺乏感性认识。放逐行者，唐僧自认为是有底气的，所以他会理直气壮地对猴子说："只你是人，那悟能、悟净就不是人？"

黄袍怪的一役，证明了取经少不了孙悟空。猴子刚回到取经队伍，马上就有点报复嫌疑地给八戒策划安排了一次探山行动，——就是紧接下来平顶山故事的开头部分。行者算定八戒会偷懒撒谎，以此想向唐僧证明，八戒其实不老实，自己和八戒的关系中，不是的是八戒一造。结果不出行者所料，八戒果然编了一通石头山石头洞的谎言，但行者预期的效果恐怕并没有达到。撒谎拆谎的过程中，猪的笨拙惶恐，猴子的飞扬机智都表现得淋漓尽致。这种局面，使得八戒撒谎的事实给唐僧留下的印象很淡，倒是悟空在欺负八戒的看法，在唐僧脑海里得到了进一步的强化。

再往后，乌鸡国、火云洞、黑水河、车迟国、通天河、金兜洞、女儿国，等等，人物关系已基本定型，就是调整一下故事的先后顺序，问题也不大了。唐僧仍然不喜欢悟空，但是知道离不了他，不但不敢轻言放逐，连紧箍咒也渐渐念得少了。这种处境当然会使得唐僧觉得感情受到压抑，被压抑的感情总是来得特别强烈，所以他对八戒的偏爱也来得愈发明显。对这一点，孙悟空是有嫉妒心理的，——虽然未必肯承认。猴子对猪的捉弄，很大程度上有耍性子的成分，不分场合，不分轻重。举两例：

第三十四回"魔王巧算困心猿，大圣腾那骗宝贝"，行者变成了妖精的母亲：

> 魔头道："母亲啊，连日儿等少礼，不曾孝顺得。今早愚兄弟拿得东土唐僧，不敢擅吃，请母亲来献献生，好蒸与母亲吃了延寿。"行者道："我儿，唐僧的肉，我倒不吃，听见有个猪八戒的耳朵甚好，可割将下来整治整治我下酒。"那八戒听见慌了道："遭瘟的！你来为割我耳朵的！我喊出来不好听啊！"
>
> 噫，只为呆子一句通情话，走了猴王变化的风。

好像不能怪八戒讲这么一句"通情话"，否则妖怪真来割他耳朵，可怎么处？"走了猴王变化的风"的，其实是行者自己，这种时候开这种玩笑干吗？

第七十六回"心神居舍魔归性，木母同降怪体真"：

> 八戒笑道："哥啊，去便去，你把那绳儿借与我使使。"行者道："你要怎的？你又没本事钻在肚里，你又没本事拴在他心上，要他何用？"八戒道："我要扣在这腰间，做个救命索。你与沙僧扯住后手，放我出去，与他交

战。估着赢了他，你便放松，我把他拿住；若是输与他，你把我扯回来，莫教他拉了去。"

……斗不上七八回合，呆子手软，架不得妖魔，急回头叫："师兄，不好了！扯扯救命索，扯扯救命索！"这壁厢大圣闻言，转把绳子放松了抛将去。那呆子败了阵，住后就跪。原来那绳子拖着走还不觉，转回来，因松了，倒有些绊脚，自家绊倒了一跌，爬起来又一跌。始初还跌个踉跄，后面就跌了个嘴抢地。被妖精赶上，摔开鼻子，就如蛟龙一般，把八戒一鼻子卷住，得胜回洞。

有意造成八戒被擒，怎么都说不过去。

猴子捉弄猪，猪打猴子的小报告，恶性循环。对比强烈的是：一旦唐僧给妖怪抓去，师兄弟三个就会合作得比较好。宽容源于俯视，没有唐僧撑腰，猪的态度是服帖的，猴子成了营救队伍的当然核心，心态平衡了，对师弟也就亲切起来。猴猪关系的和谐，建立在相互间地位的不平等之上。唐僧在，悟空和八戒就是各有优势，矛盾就突出起来。猪猴失和虽然起因于试禅心，但却并不能把失和原因归咎于菩萨多事，安排了这么一回无聊考试。才能不平等的人以平等的姿态合作，和谐一时还是可能的，但要长期如此，优势的一方恐怕得是圣人才行，——而猴子显然不具备多么宽广的心胸。

唐僧肉

一

收小白龙和收沙僧过程相似，都有类似的波折。两个已确定要加入取经班子的人物，由于不清楚唐僧一行的身份，引起了冲突。后来观音或亲自，或派人到场，把事情摆平。然后就责怪行者：

> 今番前去，还有归顺的哩，若问时，先提起取经的字来，却也不用劳心，自然拱伏。

收小白龙时说这话倒也自然。但已然收了沙僧，菩萨为何不再补上一句，"编制已满，再往前并无归顺者了"？

亮出取经人的字号，高调前往西天。好处是，碰上想归顺的少些麻烦；坏处相比下来则要大得多。——归顺的就是几个没能耐的，神通广大的对头却到处都是。

想吃唐僧肉的男女妖精，和想盗取唐僧"十世元阳"的女妖精，正愁找不到取经人在哪里呢。你这么大张旗鼓的上路，还要想在什么山什么洞蒙混过关，免一场厮杀拼斗，也就绝无可能了。

二

不追发第二道通知，是观音菩萨的一时疏忽，还是有意为之？

佛祖亲口说，"经不可轻传，亦不可以空取"。要说观音是有意在为唐僧制造麻烦，也不是说不通。

但倒不见得是为凑齐八十一难。唐僧到西天后，菩萨亮出一张九九八十一难的统计报表，这张表做得要多没逻辑就有多没逻辑。

"黄风怪阻十三难，请求灵吉十四难"，两难是一件事。

"黑松林失散二十一难，宝象国捎书二十二难，金銮殿变虎二十三难"，三难是一件事。

遭遇红孩儿，更是生生拆成了四难，"号山逢怪二十八难，风摄圣僧二十九难，心猿遭害三十难，请圣降妖三十一难"。

也就是说，西天取经一路上遭遇了多少难，全看菩萨一张嘴。只要她乐意，压缩成一十八难也行，分解成八百一十一难也可以。

三

有一个现象值得注意，唐僧出长安，首先碰上的虎、熊、牛三个妖精。他们抓住唐僧，可是没吃上。据太白金星对唐僧说，这是"只因你的本性元明，所以吃不得你"。

可见，在东土大唐境内，不但没有什么吃了唐僧肉长生不老的话头。"十世修行"反而是多加了防腐剂，属不健康食品。

继续上路，碰上的第一个外国妖精是黑熊怪，他只要袈裟，对唐僧肉没兴趣。接下来是黄风怪，他手下虎先锋抓着唐僧，你看黄风怪是怎生说的：

"我教你去巡山，只该拿些山牛、野彘、肥鹿、胡羊，怎么拿那唐僧来，却惹他那徒弟来此闹吵，怎生区处？"

他眼里唐僧也就是家常便饭，为了他的肉和猴子冲突本来是不值得的。只是事情已经做了，出于做妖怪的面子，他才不能放手。

一直到白虎岭碰上尸魔（白骨精），才说起"东土的唐和尚取'大乘'，他本是金蝉子化身，十世修行的原体。有人吃他一块肉，长寿长生"的话。

总之，越往西走，越接近西天佛国，吃了唐僧肉长生不老的观点，就越是妖怪界的普遍共识。

那么，是不是也可以即此推断，这消息的信息源，很可能也是在西方呢？

四

西天路上多妖怪，这个是常识。——猴子一次到了正南方的毛颖山，那里的山神土地夸耀本地治安好时有云："大圣要寻妖精，还是西天路上去有。"

但西天路上究竟有多少妖怪，这些妖怪究竟在什么地方，就连佛祖，也不一定知道；——就是知道，怕也不一定有办法。不然，他怎么会纵容自己的地盘上有这么多反对势力？

对这种局面，佛祖有他的对策吗？

> 有人说，这是阴谋。我们说，这是阳谋。因为事先告诉了敌人：牛鬼蛇神只有让它们出笼，才好歼灭它们，毒草只有让它们出土，才便于锄掉。(《毛泽东选集》卷五)

宣传吃了唐僧肉可以长生不老，未必不也是个"阳谋"吧？

这肉（或精液）有如此神奇的功效，而保护他的，主要不过是一只猴子。不容易对付，但也并非没法对付。

于是，还"打甚么坐，立甚么功，炼甚么龙与虎，配甚么雌与雄？只该吃他去了"。隐藏在深山老林的妖精们就纷纷冲出来。扑向唐僧，也暴露了自己。

五

观音菩萨向猴子承诺："我许你叫天天应，叫地地灵。十分再到那难脱之际，我也亲来救你。"

该说，这次她不是许的空头人情。同样，猴子找其他人帮忙，大家也都很积极。

猴子跟妖精斗智斗力，摸清了对方的斤两，估算到大概的来路。然后，各路神仙佛菩萨赶来，发动最后的一击。

于是，天上的神佛找到了开小差的员工（如黄袍怪是天上的二十八宿之一），流亡的奴隶（如金角大王、银角大王是太上老君看炉的童子），走失的牲口（如老君的青牛、文殊的狮子、普贤的白象），还有久未缉拿归案的逃犯（如黄风怪、蝎子精，如来那里都早有案底）。有时，像观音菩萨，还可以捎带得个保安（黑熊）或童工（红孩儿）什么的。

可是，说起来，都该是猴子向这些人表示感谢的。

大圣行凶

一

单看"三打白骨精"一回书，很容易觉得唐僧糊涂偏听得简直没道理。联系全书，则不难找出他这样做的心理根源。他是师父，但在这个大徒弟面前，大约除了相貌上还有点优势外，其余一概不如。法力不如也就罢了，竟连对从小念颂的佛经的理解也不如，做老师的面子实在是给剥得一点不剩。自从行者加入取经队伍，唐僧就由西行故事的当然一号男主角，惨跌为一个受人嘲笑的配角，——妖怪要吃他的肉，行者则保护这块肉，妖怪肉能不能吃到嘴，和唐僧本人的表现无关。这个时候要再不耍耍脾气拿拿大牌，那就连配角都算不上，只能去竞争"最佳道具奖"了。

当此情形，唐僧心中的挫折感大约很强，"挫折—攻击"的反应也就不免特别强烈。偏生孙悟空也常常老实不客气的会以教导者的身份出现，实属于火上浇油。打死白骨精后，行者被放逐，感叹道："这才是'鸟尽弓藏，兔死狗烹'！"没道理，离西天还远，说什么鸟尽兔死。他只记得自己"穿古洞，入深林，擒魔捉怪，收八戒，得沙僧，吃尽千辛万苦"的付出，却忘了他对唐僧常常缺乏起码的尊重，——这可能是你对他再好都弥补不过来的。猴子散漫，对唐僧的清规戒律，繁文缛节常不免加以嘲笑，而照孟德斯鸠的说法，"没有比违反他人的习俗礼仪更得罪人的事了，因为这是蔑视他人一种的标志"。恺撒之死，不是因为暴君的种种独断专行，而是因为忘了在全体元老院议员面前起立。

落实到三打白骨精的具体事件，唐僧三番两次把妖怪当作好人，等到真相辨明，虽然"倒也信了"，却已经下不来台，再加上"八戒旁边唆嘴"，沙僧也无回护行者的意思（后来孙悟空回来，对沙僧说，"你这个沙尼！师父念《紧箍儿咒》，可肯替我方便一声？都弄嘴施展！"这也可以看出孙悟空在取经队伍里的人际关系，固然是木秀于林，但是他也确实不会做人），索性将错就错。

二

不过，人妖不分虽然是唐僧的糊涂，但他怀疑行者行凶，却不能说没有一点现实依据的。因为在三打白骨精之前和之后，孙悟空确实都有对凡人大开杀戒的行为。一次是第十四回"心猿归正，六贼无踪"，一次是第五十六回"神狂诛草寇，道昧放心猿"。这两次也都导致了行者离开唐僧。区别则是前一次行者头上还不曾上紧箍咒，是自己主动离开；后一次则也是唐僧放逐。

以第五十六回为例。这回纯写人间事，写唐僧与徒弟们走散，被一伙强盗抓住。孙悟空随后赶到：

> 行者道："你怎么与他说来？"三藏道："他打的我急了，没奈何，把你供出来也。"行者道："师父，你好没搭撒，你供我怎的？"三藏道："我说你身边有些盘缠，且教道莫打我，是一时救难的话儿。"行者道："好！好！好！承你抬举。正是这样供。若肯一个月供得七八十遭，老孙越有买卖。"
>
> 那伙贼见行者与他师父讲话，撒开势，围将上来道："小和尚，你师父说你腰里有盘缠，趁早拿出来，饶你们性命！若道半个'不'字，就都送了你的残生！"行者放下包袱道："列位长官，不要嚷。盘缠有些在此包袱……只望放下我师父来，我就一并奉承。"那伙贼闻言，都甚欢喜道："这老和尚悭吝，这小和尚倒还慷慨。"教："放下来。"那长老得了性命，跳上马，顾不得行者，操着鞭，

一直跑回旧路。

在强盗面前，唐僧还是表现出一贯的窝囊，性命要紧，把问题全部甩给了悟空。等跑到安全地带之后，却赶紧吩咐八戒沙僧："徒弟啊，趁早去与你师兄说，教他棍下留情，莫要打杀那些强盗。"在确保自身无虞的前提下，唐僧确实还是很有慈悲心的。

料理几个强盗，当然费不了行者多少力气。把他们戏耍一番后，"展开棍子，幌一幌，有井栏粗细，七八丈长短，荡的一棍，把一个打倒在地，嘴唇揎土，再不做声。那一个开言骂道：'这秃厮老大无礼！盘缠没有，转伤我一个人！'行者笑道：'且消停，且消停！待我一个个打来，一发教你断了根罢！'荡的又一棍，把第二个又打死了，唬得那众喽啰撒枪弃棍，四路逃生而走。"

这个时候行者跟唐僧时日已久，细心一点不难看出，这次动手之前，他其实已经把唐僧的反应考虑在内了。否则金箍棒一挥，一干小蟊贼哪里还有机会"逃生而走"？杀两个为首的强盗，意在立威，是吓退群贼简明有效的手段，属正当防卫。所以这次三藏也不好再训斥悟空"白昼行凶"云云，只好吩咐八戒把死人葬了，撮土焚香祷告，祝云：

"拜惟好汉，听祷原因：念我弟子，东土唐人。奉太宗皇帝旨意，上西方求取经文。适来此地，逢尔多人，不知是何府、何州、何县，都在此山内结党成群。我以好话，哀告殷勤。尔等不听，返生嗔。却遭行者，棍下伤身。切念尸骸暴露，吾随掩土盘坟。折青竹为香烛，无光彩，有心勤；取顽石作施食，无滋味，有诚真。你到森罗殿下兴词，倒树寻根，他姓孙，我姓陈，各居异姓。冤有头，债有主，切莫告我取经僧人。"

八戒笑道："师父推了干净，他打时却也没有我们两个。"三藏真个又撮土祷告道："好汉告状，只告行者，也不干八戒、沙僧之事。"

唐僧责怪悟空杀人，说的话向来分两橛子。前一半是人道主义的大道理，后一半则是怕行者拖累自己：第十四回杀六贼，"早还是山野中无人查考；若到城市，倘有人一时冲撞了你，你也行凶，执着棍子，乱打伤人，我可做得白客，怎能脱身？"；第二十七回认妖作人，"你在这荒郊野外，一连打死三人，还是无人检举，没有对头；倘到城市之中，人烟凑集之所，你拿了那哭丧棒，一时不知好歹，乱打起人来，撞出大祸，教我怎的脱身？你回去罢！"这一回孙悟空问题处理得漂亮，大道理上没给唐僧留下说嘴的余地，于是唐僧的祷告中，

就只剩下自私、怕事的那一半。这猴子"一生受不得人气",所以也难怪唐僧的祝词要引出行者的一番"恶话":

> 大圣闻言,忍不住笑道:"师父,你老人家忒没情义。为你取经,我费了多少殷勤劳苦,如今打死这两个蟊贼,你倒教他去告老孙。虽是我动手打,却也只是为你。你不往西天取经,我不与你做徒弟,怎么会来这里,会打杀人!索性等我祝他一祝。"攥着铁棒,望那坟上捣了三下,道:"遭瘟的强盗,你听着!我被你前七八棍,后七八棍,打得我不疼不痒的,触恼了性子,一差二误,将你打死了,尽你到那里去告,我老孙实是不怕:玉帝认得我,天王随得我;二十八宿惧我,九曜星官怕我;府县城隍跪我,东岳天齐怖我;十代阎君曾与我为仆从,五路猖神曾与我当后生;不论三界五司,十方诸宰,都与我情深面熟,随你那里去告!"

这段话确实说得不好,本来是一件自己颇为有理的事,给说成是仗势欺人了。明明占着理,但宁可不讲理,是所谓霸气是也。接下来,唐僧等在杨老儿家投宿,杨老儿的儿子恰是盗伙。杨老儿半夜放师徒四人从后门逃走,群盗追至。这次行者可就没什么客气了,大开杀戒:

这大圣把金箍棒幌一幌，碗来粗细，把那伙贼打得星落云散，汤着的就死，挽着的就亡；搕着的骨折，擦着的皮伤，乖些的跑脱几个，痴些的都见阎王！

……行者问那不死带伤的贼人道："那个是那杨老儿的儿子？"那贼哼哼的告道："爷爷，那穿黄的是！"行者上前，夺过刀来，把个穿黄的割下头来，血淋淋提在手中，收了铁棒，拽开云步，赶到唐僧马前，提着头道："师父，这是杨老儿的逆子，被老孙取将首级来也。"

这回可真是过分了。连向来在评语中对行者颇为回护的张书绅，于此都批云："打之可矣，取首级则太过。"杨老儿对他们师徒四人有恩，根据中国古代的社交伦理，看在他的面子上，也该饶他的独生子一命。在这里可以看出孙悟空性格中的一个主要弱点，受气之后，发泄行为没有节制。这是孙悟空身上的"挫折—攻击反应"。不过他可不同于唐僧那样的软善和尚，攻击反应后果大矣：你不是怪我杀人吗？那我就杀给你看！他的滥杀，和《射雕英雄传》里，黄药师被冤枉杀了江南七怪后，不但不为自己辩白，反而对要为自己澄清事实女儿大声喝道："世上都说你爹邪恶古怪，你难道不知？歹徒难道还会做好事？天下所有的坏事都是你爹干的。"是出于类似的心理状态。

三

行者并不嗜杀,但主要是因为没兴趣,却不是出于对人类生命的尊重。抄两段书。

平顶山,银角大王变受伤的老人,唐僧不识得,要猴子背。背出一段路,猴子的心理活动:

> 师父偌大年纪,再不晓得事体。这等远路,就是空身子也还嫌手重,恨不得摔了,却又教我驮着这个妖怪!莫说他是妖怪,就是好人,这们年纪,也死得着了,掼杀他罢,驮他怎的?

枯松涧,红孩儿变落难的小孩,唐僧不识得,要猴子背。背出一段路,猴子的心理活动:

> 行此险峻山场,空身也难走,却教老孙驮人。这厮莫说他是妖怪,就是好人,他没了父母,不知将他驮与何人,倒不如掼杀他罢。

摔红孩儿这次,细节描写得还很详细:

猴王发怒，抓过他来，往那路旁边赖石头上滑辣的一掼，将尸骸掼得像个肉饼一般。还恐他又无礼，索性将四肢扯下，丢在路两边，俱粉碎了。

这两次行为的对象虽然都是妖魔，但想法和举动如此，也确实令人倒抽凉气。——"猴性、人性、神性的结合体"，神性中也有魔性，猴性中也充满兽性的。由此就不难想到，一旦受到点刺激，滥杀无辜对猴子来说并不是多大的事。这回打死几十个强盗，也还是小焉者也。最惨无人道的却还是三打白骨精之后的那次。他打死妖怪，唐僧说他杀人，固然是冤枉，但是你看他被逐回花果山之后：

那大圣上了山巅看处，只见那南半边，冬冬鼓响，当当锣鸣，闪上有千余人马，都架着鹰犬，持着刀枪。……大圣见那些人布上他的山来，心中大怒。手里捻诀，口内念念有词，往那巽地上吸了一口气，嘑的吹将去，便是一阵狂风。……将那碎石，乘风乱飞乱舞，可怜把那些千余人马，一个个石打乌头粉碎，沙飞海马俱伤。人参官桂岭前忙，血染朱砂地上。附子难归故里，槟榔怎得还乡？尸骸轻粉卧山场，红娘子家中盼望。

诗曰：人亡马死怎归家？野鬼孤魂乱似麻。可怜抖擞英雄将，不辨贤愚血染沙。

这是书中有载的行者杀戮规模最大的一次，一口气砸死了千余人马。这件事发生的时候，唐僧正在黑松林里饿着肚子散步，也许并不知情，否则不知该做何感想：是佛门中容不得这等不善之人，该把这泼猴彻底放逐？还是体念到上天好生之德，把这猴子留在身边，以免酿成更大规模的屠杀？当然，照猪八戒的说法，这猴儿"口敞"，存不住话，后来的西天路上对此事未必不提起。那唐僧也就知道了，只不过不曾有什么反应。也许是考虑到这事发生在行者被放逐期间，自己是给这猴子写了断绝师徒关系的执照的。——那杀了就杀了吧，牵累不到自己。唐僧的立场，至少部分是如此。

四

杀人之外，顺笔谈谈吃人的问题。孙悟空是否吃人，《西游记》的说法有自相矛盾处。第三十九回"一粒金丹天上得，三年故主世间生"：为救乌鸡国王要做人工呼吸，"那八戒上前就要度气，三藏一把扯住道：'使不得！还教悟空来。'那师父甚有主张：原来猪八戒自幼儿伤生作孽吃人，是一口浊气；惟行者从小修持，咬松嚼柏，吃主桃果为生，是一口清气"。行者度气之后国王顺利复活。如果长老的理论无误，那么猴子确实是不吃人的。

但就在三打白骨精的那一回里，行者向唐僧介绍妖怪吃人的骗术时曾说："老孙在水帘洞里做妖魔时，若想人肉吃，便是这等：或变金银，或变庄台，或变醉人，或变女色。有那等痴心的，爱上我，我就迷他到洞里，尽意随心，或蒸或煮受用；吃不了，还要晒干了防天阴哩！"

个人倾向，孙悟空还是不吃人的可能较大。清气浊气的说法虽然荒唐，但出现在小说的说明文字中，大约可以代表作者认可的事实。至于行者夫子自道的言论，则未必靠得住。如前述，喜欢夸张自己身上恶的一面，是名士气人物身上常见的怪癖。黄药师被称为东邪，一半是世人冤枉，一半可也是他自己的宣传造势。

好人沙僧

第二十七回"尸魔三戏唐三藏,圣僧恨逐美猴王",也就是著名的三打白骨精故事,孙悟空被放逐时对沙僧有言,"贤弟,你是个好人。"这是孙悟空对沙僧下的定语。值得注意的是,就在片刻之前,孙悟空还在为沙僧算不算"人"和唐僧辩论过:

> 行者道:"师父错怪了我也。这厮分明是个妖魔,他实有心害你。我倒打死他,替你除了害,你却不认得,反信了那呆子谗言冷语,屡次逐我。常言道:'事不过三。'我若不去,真是个下流无耻之徒。——我去我去!去便去了,只是你手下无人。"唐僧发怒道:"这泼猴越发无礼!看起来,只你是人,那悟能、悟净就不是人?"
> 那大圣一闻得说他两个是人,止不住伤情凄惨。

看来,"好人"在行者嘴里并不是一个多高的评价,至少比"人"要低。"手下无人"之"人",人才之谓也。才能不行的前提下,品德的好坏才是值得一提的。行者的标准,一向如此。

对沙僧形象的塑造,是《西游记》里公认的弱笔,人物几乎无性格。生活当中,木讷忠厚往往被认为是"没个性",所以书里面,缺少性格,面目模糊的人物,想来也就是忠厚木讷之人。这是我们常有的错觉。下面抄书,第五十三回"禅主吞餐怀鬼孕,黄婆运水解邪胎":

> 八戒扭腰撒胯的哼道:"爷爷呀!要生孩子,我们却是男身!那里开得产门?如何脱得出来。"行者笑道:"古人云:'瓜熟自落。'若到那个时节,一定从胁下裂个窟窿,钻出来也。"
>
> 八戒见说,战兢兢忍不得疼痛道:"罢了,罢了!死了,死了!"沙僧笑道:"二哥,莫扭,莫扭!只怕错了养儿肠,弄做个胎前病。"那呆子越发慌了,眼中噙泪,扯着行者道:"哥哥!你问这婆婆,看那里有手轻的稳婆,预先寻下几个,这半会一阵阵的动荡得紧,想是摧阵疼。快了!快了!"沙僧又笑道:"二哥,既知摧阵疼,不要扭动;只恐挤破浆泡耳。"

从这段里的表现看，沙僧也是个碎嘴子。固然，此回中很可能是吴承恩忍俊不禁，把一些本不属于沙僧的语言派给了他，不过此人既然本无甚性格，只好就把这些也当作他性格的一部分。当然也可以有别的解释，老实人，偶尔人来疯一下，并不稀奇。

再举一例。狮驼岭八戒被妖怪抓去，孙悟空变作勾司人，诈出了八戒的四钱六分私房银子。这是《西游记》里有名的谐趣桥段。不过悟空是爽性人，又见过大世面的，怎么会留意到八戒积攒下"那点牙齿上刮下来的"小钱？作者写当时悟空的心理活动：

> 怎的好么？他也是龙华会上的一个人。但只恨他动不动分行李散火，又要撺掇师父念《紧箍咒》咒我。我前日曾闻得沙僧说，他攒了些私房，不知可否。等我且吓他一吓看。

这么看来沙僧还和八戒一样，"有点小老婆舌头"。沙僧当然知道悟空爱捉弄八戒，这小话一传，八戒银子不保。不过八戒只会因此恼恨猴头打诈他，账算不到沙僧头上。孙悟空捉弄八戒的理由：一是分行李散伙，这件事虽然总是八戒提出，沙僧却也有参与（就在这之前不久，孙悟空就曾见，"猪八戒与沙僧解了包袱,将行李搭分儿,在那里分哩"),二是"撺掇师父念《紧箍咒》",其实唐僧念《紧箍咒》的时候,沙僧的立场也从来不曾在大师兄这边。不过这个仇人总是八戒出头做了。八戒和行者抬杠,虽然往往能逞一时之快,但结果是精神肉体上不免承受更大的打击。沙僧看来似乎也并不反对行者被贬,不过在行者那里,他却总还能得到个"好人"的评价。

唐僧认为猪八戒老实,一般读者则不难看出,八戒其实不老实。我要说,至少和沙僧比起来,八戒真老实者也。

生存智慧几种

过白虎岭,三打白骨精,猴子第一次被放逐。之后的故事,猪八戒到花果山请猴子时描述如下:

实不瞒哥哥说,自你回后,我与沙僧保师父前行。只见一座黑松林,师父下马,教我化斋。我因许远,无一个人家,辛苦了,略在草里睡睡。不想沙僧别了师父,又来寻我。你晓得师父没有坐性,他独步林间玩景,出得林,见一座黄金宝塔放光,他只当寺院,不期塔下有个妖精,名唤黄袍,被他拿住。后边我与沙僧回寻,止见白马行囊,不见师父,随寻至洞口,与那怪厮杀。师父在洞,幸亏了一个救星。原是宝象国王第三个公主,被那怪摄来者。他修了一封家书,托师父寄去,遂说方便,解放了师父。到了国中,递了书子,那国王就请师父降妖,取回公主。哥啊,你晓得,那老和尚可会降妖?我二人复去与战。不知那怪神通广大,将沙僧又捉了。我败阵而走,伏在草中。那怪变做个俊俏文人入朝，与国王认亲，把师父变作老虎。又亏了白龙马夜现龙身，去寻师父。师父倒不曾寻见，却遇着那怪在银安殿饮酒。他变一宫娥，与他巡酒舞刀，欲乘机而砍，反被他用满堂红打伤马腿。就是他教我来请师兄的，说道："师兄是个有仁有义的君子，君子不念旧恶，一定肯来救师父一难。"万望哥哥念"一日为师，终身为父"之情，千万救他一救！

这番话，细节有修正（具体下面说），大环节无误。

一

猴子离开后很短的一段时间里，猪表现得比较积极。使钉钯开路时，"抖擞精神"。唐僧喊饿要人去找吃的，猪接受任务时也没有推诿表现和畏难情绪，临出发前更有豪言壮语云，——"我这一去，钻冰取火寻斋至，压雪求油化饭来。"

大概也不完全是为了要表现给领导看。即使是猪八戒，也不可能是个彻头彻尾搞人际关系的动物。猴子那副离开他就不行的德行，太伤人自尊，所以这个时候猪也很想证明一下，自己还是管用的。后面宝象国的国王问："猪长老、沙长老，是那一位善于降妖？"猪也是忙不迭的跳出来："我乃是天蓬元帅，只因罪犯天条，堕落下世，幸今皈正为僧。自从东土来此，第一会降妖的是我。"行政人员里，还是有不少是乐于表示，自己的专业并没有丢的。

不见得是骗别人，主要还是安慰自己。当然，真给他一个机会证明自己的业务能力，多半也就是逼他面对现实了。

所以，化斋没走出十里，猪就泄气躲草窠里睡觉。主动杀回去降妖，更是没打几个回合，就落荒而逃，钻进荆棘丛里，再也不敢出来。

后来猴子回来了。过了两年，猴子再次被赶走，老和尚又喊饿。这一次，猪的表现是：

> 八戒道："师父且请下马，等我看可有邻近的庄村，化斋去也。"三藏闻言，滚下马来。呆子纵起云头，半空中仔细观看，一望尽是山岭，莫想有个人家。八戒按下云来，对三藏道："却是没处化斋，一望之间，全无庄舍。"三藏道："既无化斋之处，且得些水来解渴也可。"八戒道："等我去南山涧下取些水来。"

明显低调多了。先观察情况，只承诺解决自己能够解决的问题。西行路上，猪也是逐步的找准自己的定位的。

二

《西游记》里，黄袍怪属于比较酷的妖怪之一。唐僧送上门来，他也就抓了；然后他老婆为唐僧求情，他就又放了。如果不是猪八戒在宝象国王面前吹牛说会降妖，又杀回去找黄袍怪的麻烦，师徒三个也就过了这一关。往后，到平顶山碰金角大王银角大王，还是得去花果山请猴子，对取经队伍没有本质影响。倒是黄袍怪，可以继续在碗子山波月洞过幸福美满的生活，避免了一场家庭悲剧。

八戒不自量力找黄袍怪的晦气，其结果是沙僧被擒，唐僧变虎，白马被打伤了腿。这个时候，八戒就觉得自己应该回高老庄当女婿了。勇于造成问题的，通常都是不必承担责任的。

由于白龙马的一再坚持，猪终于答应去花果山。没说唐僧遭难，编排的一套说辞是：

> 八戒道："师父想你，着我来请你的。……师父在马上正行，叫声'徒弟'，我不曾听见，沙僧又推耳聋；师父就想起你来，说我们不济，说你还是个聪明伶俐之人，常时声叫声应，问一答十。因这般想你，专专教我来请你的。万望你去走走……"

谎中有谎。就是唐僧真叫徒弟，推耳聋的也该是他猪八戒罢。后来被猴子所逼，无奈说了实话。猪表达能力还是很强的，一番话讲得关节清楚，条理分明。这段，若是拿来和小说前面的叙述比照一番，倒也有趣。

八戒：实不瞒哥哥说，自你回后，我与沙僧保师父前行。只见一座黑松林，师父下马，教我化斋。我因许远，无一个人家，辛苦了，略在草里睡睡。

事实：（八戒）走得瞌睡上来，思道："我若就回去，对老和尚说没处化斋，他也不信我走了这许多路。须是再多幌个时辰，才好去回话。也罢，也罢，且往这草科里睡睡。"

八戒：不想沙僧别了师父，又来寻我。你晓得师父没有坐性；他独步林间玩景，出得林，见一座黄金宝塔放光，他只当寺院。不期塔下有个妖精，名唤黄袍，被他拿住。

事实：长老独坐林中，十分闷倦，只得强打精神，跳将起来，……他一来也是要散散闷，二来也是要寻八戒、沙僧。不期他两个走的是直西路，长老转了一会，却走向南边去了。

八戒：那国王就请师父降妖，取回公主。哥啊，你晓得，那老和尚可会降妖？我二人复去与战。不知那怪神通广大，将沙僧又捉了。我败阵而走，伏在草中。

事实：那呆子道："沙僧，你且上前来与他斗着，让老猪出恭来。"他就顾不得沙僧，一溜往那蒿草薜萝，荆棘葛藤里。不分好歹，一顿钻进，那管刮破头皮，搠伤嘴脸，一毂辘睡倒，再也不敢出来。但留半边耳朵，听着梆声。那怪见八戒走了，就奔沙僧。沙僧措手不及，被怪一把抓住，捉进洞去。

你好像也不能说他哪里撒谎了。所以说，这些小细节上修订的功力，还是很让人佩服的。

三

唐僧到宝象国，带了一封三公主百花羞的家书。公主自陈被妖魔摄去，十分痛苦，盼父王派兵来救。

营救公主，宝象国文武百官，本来是责无旁贷。你看他们是怎生表态的：

"陛下且休烦恼。公主已失，至今一十三载无音，偶遇唐朝圣僧，寄书来此，未知的否。"

这话，是说唐僧的消息未必可靠，所以贸然发兵是不慎重的。

> 况臣等俱是凡人凡马，习学兵书武略，止可布阵安营，保国家无侵陵之患。那妖精乃云来雾去之辈，不得与他觌面相见，何以征救？

我们的分内的事，是"保国家无侵陵之患"。这点是做到了的，所以你国王不能骂我们吃白饭。至于对付妖魔，不在我们职责范围以内。

> 想东土取经者，乃上邦圣僧。这和尚"道高龙虎伏，德重鬼神钦"，必有降妖之术。自古道，"来说是非者，就是是非人。"可就请这长老降妖邪，救公主，庶为万全之策。

捧唐僧有能耐，所以他能管；又把唐僧的传讯，定性为"说是非"，所以他该管。

皮球这就踢回去了，没大臣们什么事。唐僧本来也是极力声明自己是菜鸟的,偏碰上八戒百年不遇的想证明自己有才华。这种情况下,猪嚷嚷自己会降妖,宝象国的政府工作人员欢迎着哩。

四

不久后,黄袍怪变化了来宝象国认亲。说:

> 那十三年前,带领家童数十,放鹰逐犬,忽见一只斑斓猛虎,身驮着一个女子,往山坡下走。是微臣兜弓一箭,射倒猛虎,将女子带上本庄,把温水温汤灌醒,救了他性命。因问他是那里人家,他更不曾题"公主"二字。早说是万岁的三公主,怎敢欺心,擅自配合?当得进上金殿,大小讨一个官职荣身。只因他说是民家之女,才被微臣留在庄所。女貌郎才,两相情愿,故配合至此多年。

这番话破绽很明显。第一,公主既然已经被救,怎么可能会不表明自己的身份?第二,既然一向不知道,那现在又忽然知道公主是公主了的?你至少该编个由头罢;第三也是最可疑的,既然是认亲,为什么不把公主带回来,落个无凭无据?

听了这样拙劣的谎言,宝象国的官员,难道真会仅因为

"见他生得俊丽",就"当做好人",发现不了问题了?

恐怕,是这些官场上的老油条们,都比三打白骨精的孙猴子人情练达多了。认出妖精了,就有该怎样捉拿妖精的麻烦。不如就做个"肉眼凡胎",大家认亲戚套近乎,倒也和乐融融啊。

黄袍怪是在天庭里混过的。大概,他也是拿准了天上地下都是一理,宝象国的文武一定会有这份世事洞明,才连谎都懒得好好编。——我们每天总不免面对如此多的谎言,而这些谎言常常又是如此拙劣,大概都是这个道理罢。

黄袍无力百花残

黄袍怪被行者揭穿老底，抓回天上。在玉帝面前有这样一番供词：

> 万岁，赦臣死罪。那宝象国王公主，非凡人也。他本是披香殿侍香的玉女，因欲与臣私通，臣恐点污了天宫胜境，他思凡先下界去，托生于皇宫内院，是臣不负前期，变作妖魔，占了名山，摄他到洞府，与他配了一十三年夫妻。"一饮一啄，莫非前定。"今被孙大圣到此成功。

这段话看了，是挺恶心人的。把下界为妖说成是因为"恐点污了天宫胜境"，好不冠冕堂皇。又说是人家公主先引诱的他，——这一句，不好确定是不是事实。但即使是真的，这种情况下说出来，把责任往女方身上推，这男人也太没担当。

一

黄袍怪长得怎生模样？第二十八回"黑松林三藏逢魔"，自唐僧眼中写来：

> 青靛脸，白獠牙，一张大口呀呀。两边乱蓬蓬的鬓毛，却都是些胭脂染色；三四紫巍巍的髭髯，恍疑是那荔枝排芽。鹦嘴般的鼻儿拱拱，曙星样的眼儿巴巴。两个拳头，和尚钵盂模样；一双蓝脚，悬崖榾柮桠槎。斜披着淡黄袍帐，赛过那织锦袈裟。拿的一口刀，精光耀映；眠的一块石，细润无瑕。他也曾小妖排蚁阵，他也曾老怪坐蜂衙。你看他威风凛凛，大家吆喝，叫一声爷。他也曾月作三人壶酌酒，他也曾风生两腋盏倾茶，你看他神通浩浩，霎着下眼，游遍天涯。

狼精，相貌恐怖是肯定的。所以其中夹着下面这两句，也就格外打眼，"他也曾月作三人壶酌酒，他也曾风生两腋盏倾茶"，——也是很有孤独感的文化人嘛。

如此说来，黄袍怪抢百花羞，倒是应了李渔的话，"以绿林豪杰之手段，遂绿衣才子之心情"。

后来他变漂亮了去见宝象国王，小说描述其人物如何，又有两句韵语:"才如子建成诗易,貌似潘安掷果轻。"美貌可以临时变出来,文学才华却只能是一向就有的。总之,黄袍怪学潘安,比潘安同时代的大文豪左思学得到位。左思摆潘安的姿势,可"绝丑"的嘴脸变不过来,只好挨老太太唾吐沫[1]。黄袍怪却真的"掷果轻"了。

不过,妖精变化都还是蛮累的,一不留神就又变回去了。所以对朝夕相处的人,比如老婆,黄袍怪也就只好暴露出本来面目。

二

基本可以肯定,黄袍怪很爱百花羞。

黄袍怪对唐僧说,"我说是上邦人物,果然是你。正要吃你哩!"——又是"果然"又是"正要"的,说明是早有预谋。可见对唐僧肉的功能,他至少不是一无所知的。可是百花羞要他把唐僧放了,他很爽快就同意了。并且说,"甚么打紧之事。我要吃人,那里不捞几个吃吃?"并不有意示好,显得卖了对方很大一个情。

后来猴子变成百花羞的模样骗他,说是心口疼。他一下子

---

[1]《世说新语·容止第十四》:"潘岳妙有姿容,好神情。少时挟弹出洛阳道,妇人遇者,莫不连手共萦之。左太冲绝丑,亦复效岳游遨,于是群妪齐共乱唾之,委顿而返。"潘岳字安仁,通俗小说里往往就叫潘安了。

就把最宝贵的"舍利子玲珑内丹"吐出来给她医治，这才着了猴子的道。不然，动起手来鹿死谁手还未可知。所以，这回书才叫"孙行者智降妖怪"而不叫勇降妖怪。

但黄袍怪也会对百花羞发火，并且发起火来很恐怖。

> 那怪咄的一声骂道："你这狗心贱妇，全没人伦！我当初带你到此，更无半点儿说话。你穿的锦，戴的金，缺少东西我去寻。四时受用，每日情深。你怎么只想你父母，更无一点夫妇心？"……那怪闻言，不容分说，轮开一只簸箕大小的蓝靛手，抓住那金枝玉叶的发万根，把公主揪上前，摔在地下……

至于发火的原因，无非是百花羞托唐僧给自己的父王捎去封信。为什么老婆和娘家人联系，能让黄袍怪怒成这样？

相比较而言，百花羞对黄袍怪的感情，似乎就要淡薄得多。她写给父亲的信：

> 一阵香风，闪出个金睛蓝面青发魔王，将女擒住；驾祥光，直带至半野山中无人处，难分难辨，被妖倚强，霸占为妻。是以无奈捱了一十三年。产下两个妖儿，尽是妖魔之种。论此真是败坏人伦，有伤风化，不当传书玷辱；

但恐女死之后,不显分明。

完全是一个受害者的口吻。别的也还罢了,一个母亲,骂自己儿子是"妖魔之种",也真是够怨毒的了。这就奇怪了。黄袍怪不是说,当初是披香殿的玉女追他的么?怎么一到人间,旧盟全无了?

是黄袍怪吹牛(臭男人有点这个恶习,倒是不少见),还是另有原因?

三

这时候,忽然就想起了冯小刚《我把青春献给你》里的一段:

> 我恋上了一个女孩。女孩的父亲是话剧团的一位老同志。
>
> 老同志发现女儿有些春心荡漾,于是跟踪排查顺藤摸瓜揪出了躲在幕后的冯小刚。老同志怒不可遏,向我发出严正警告。……女孩不但没有知难而退,反而变本加厉与我保持热线联系。老同志恼羞成怒,将该女儿绳之以法,据说蚊帐杆都打折了。

女孩的痴情深深地感动了我，当时热血沸腾，要不是战友拦着我，我差点就冲到女孩家，对她父亲说：要打您就打我吧。

幸亏我没去。

因为，让我万万没有想到的是，女孩的心上人根本不是我。宁死不屈是不假，但为谁宁死不屈这么一个重要的问题，不仅被她父亲忽略了，也被我忽略了。事后女孩如实告诉我，她的意中人是一位在民航工作的英俊小生。这使我恍然大悟，为什么她会频繁地出现在我的面前，但每次都是蜻蜓点水。原来这小丫头儿玩得是声东击西金蝉脱壳。

莫非披香殿玉女"思凡"是实，但并非为了黄袍怪，不过是想由天上的丫头，变成人间的主子罢了。从天上下来不易，所以这过程里，利用了那时还是二十八宿中的奎木狼的黄袍怪一下。

不想，这才子当了真，竟然连官位也不要了，真追下界来。

这下，百花羞被他摄到洞府里做夫妻，是到底没过足公主的瘾，所以她信里全是哀怨。

而黄袍怪就怕百花羞想家。因为如果皇室生活才是她想要的，那就证明了自己下界来追求的，不过是一个虚幻的梦，这个现实，他无法面对。

才子么，免不得有一颗多愁善感的心。不被女同胞待见，在高老庄做贫下中农的猪八戒还比较容易自我解嘲，黄袍怪内心的不平和酸楚，还要来得更多一些罢。

所以，才搞得如此神经质也欤？

四

原著里能找到的消息太少，上面也就有些近于胡思乱想。不过，开启胡思乱想的闸门，本也是读小说的功能之一种罢。

可以肯定的，倒是百花羞的处境，很是艰难。

她给家里送封信，黄袍怪说她有道德问题，所谓"全没人伦"。

后面行者到来，则不顾她曾冒生命危险给家里送信的事实，还是说她有道德问题：

> 你正是个不孝之人。盖"父兮生我，母兮鞠我。哀哀父母，生我劬劳！"故孝者，百行之原，万善之本，却怎么将身陪伴妖精，更不思念父母？非得不孝之罪，如何？

问题是，百花羞一个弱女子，被妖精摄到几百里以外的荒山野岭，她能怎么反抗？莫非行者的意思，是她"还欠一死"？

看百花羞的回答，"他的法令又谨，我的步履又难，路远山遥，无人可传音信。欲要自尽，又恐父母疑我逃走，事终不明"云云，重点也是解释自己为什么不自杀的。

不妨说说，在对百花羞进行道德审判之前，行者都干了什么。

抓住百花羞两个孩子，说是要交换被黄袍怪抓住的沙僧。百花羞把沙僧放了，可行者却当即掉过脸来，吩咐八戒、沙僧两个：

> 你两个驾起云，站在那金銮殿上，莫分好歹，把那孩子往那白玉阶前一掼。有人问你是甚人，你便说是黄袍妖精的儿子，被我两个拿将来也。

两个孩子被这一掼，当然是变成肉饼。对一个女人出尔反尔，这可是猴子一贯标榜的好汉行径？不要说什么猴子不通人性。片刻后行者变百花羞骗黄袍怪，把公主的伤心学得惟妙惟肖。好演员啊，失去孩子的母亲的心情，猴子钻研得透着哩。

或者，这就是所谓的"先学无情后学戏"？

又或者，猴子这次是真确信自己站在道德制高点上的。所以再怎么做，都不算过分罢。

游方僧人与僧官

师徒一行到宝林寺借宿,唐僧怕徒弟们"嘴脸丑陋,言语粗疏,性刚气傲",进不得社交界,所以亲自出马。不料寺里的僧官见他衣衫敝旧,不肯收留。于是猴子怒了,使出性刚气傲的手段,吓得阖寺僧人,"随老师父排班,出山门外迎接唐朝来的老爷"。

这等以暴力手段,让势利眼前倨后恭的故事,自然大快人心。而为了增加大快人心的强度,前面的"倨"和后面的"恭",自然也是额外夸张点才好。当年央视《西游记》的编导,便深谙此道。唐僧进寺时与僧官的对话:

唐僧:院主,弟子有礼了。

僧官:你这和尚,哪里来的呀?

唐僧:弟子是东土大唐驾下差来,上西天拜佛求经去的。今到宝方,求借一宿。

僧官:此乃皇家寺院(翘大拇哥),只接纳皇亲国戚,不收留游方僧人（挥手示意唐僧离去）。你还是到别处去罢。

唐僧：院主，如今天色已晚，还望院主行个方便。

僧官：你这和尚，好不啰唆。我说过，不收留游方僧人。

唐僧：古人云，寺院道观，都是我等方上人的馆驿，见山门就有三升米分。你为何不肯留我？

僧官：你这和尚，好不油嘴滑舌，还不与我——（拉长音，拂袖）出去！

把一个统治阶级豢养的宗教动物，刻画得脸谱鲜明。大概是吴承恩不懂得这种接受心理学罢，原著的描写，就要拖沓也缓和得多。僧官对唐僧虽然"半答不答"，却毕竟"还了个礼"。没提只接纳皇亲国戚什么的（说过士大夫来了方迎接，不过是和打杂的道人说而没当面和唐僧说）。不让借宿，却也指点了一个可以住宿的去处。

那是客栈，要掏银子的。于是唐僧便说了"庵观寺院，都是我方上人的馆驿，见山门就有三升米分"的话，摆明了想以教友身份，省下一笔住宿费的态度。不料，竟引出僧官对游方僧人的大段控诉：

> 向年有几众行脚僧，来于山门口坐下，是我见他寒

薄,一个个衣破鞋无,光头赤脚,我叹他那般褴褛,即忙请入方丈,延之上坐;款待了斋饭,又将故衣各借一件与他,就留他住了几日。怎知他贪图自在衣食,更不思量起身,就住了七八个年头。住便也罢,又干出许多不公的事来。……你听我说:闲时沿墙抛瓦,闷来壁上扳钉。冷天向火折窗棂,夏日拖门拦径。幡布扯为脚带,牙香偷换蔓菁。常将琉璃把油倾,夺碗夺锅赌胜。

话说得容有夸大,但细节如此真切生动,当是有确实体验的。唐僧被说得想哭,只在心里说,"我弟子可是那等样没脊骨的和尚?"——也就是说,他也知道这种行为,在游方僧人中确实是普遍存在的。

这下,就由官场上的媚上欺下,变成流动人口的问题了。势利眼还是势利眼,不过牵涉的人群却大多了。很多本来兴高采烈的看僧官被挖苦的人,恐怕不免要觉得,自己也成了被嘲弄的对象。民工生活的艰辛,总不能全归咎于政策歧视。城镇居民的排斥,也是无处不在,——而为了给自己的排斥寻找道义上的立足点,类似于这僧官的话,也不算罕见罢。

吴承恩写这僧官,大意也是讽刺,立场和电视剧无甚分别。不过,写被歧视不公,也写被歧视的理由;写势利眼可恶,也写不势利眼之难。总之,只靠道德谴责,是没有用的。

贞节危机

一

文殊菩萨被乌鸡国的国王在水里泡了三天，于是便派自己的坐骑青毛狮子，把这国王推下井去泡了三年。这狮子又变作国王的模样，在乌鸡国做起陛下来了。这叫做"一饮一啄，莫非前定"。猴子看不下去了：

> 行者道："你虽报了甚么'一饮一啄'的私仇，但那怪物不知害了多少人也。"菩萨道："也不曾害人，自他到后，这三年间，风调雨顺，国泰民安，何害人之有？"行者道："固然如此，但只三宫娘娘，与他同眠同起，点污了他的身体，坏了多少纲常伦理，还叫做不曾害人？"

一只公猴子，战天斗地的造反英雄，也大措意于夫妇这一伦。雄性动物对雌性的占有欲，亦酷矣。

二

菩萨还是考虑得很周到的，这狮子是阉过的。问题算是揭过，只由八戒感慨了一句，"真个是糟鼻子不吃酒——枉担其名了！"

类似情节后面还有。妖精赛太岁抢了朱紫国的金圣皇后，也有紫阳真人出面，送皇后一件新霞裳，从此，娘娘遍身毒刺，妖精不得沾身。

这紫阳真人张伯端，少业进士，后为府吏，自然是很懂得人情世故的。猴子救出金圣宫，他却不忙把新霞裳收回。直到皇后与行者同登宝殿：

> 那国王见了，急下龙床，就来扯娘娘玉手，欲诉离情，猛然跌倒在地，只叫："手疼，手疼！"八戒哈哈大笑道："嘴脸！没福消受！一见面就蜇杀了也！"行者道："呆子，你敢扯他扯儿么？"八戒道："就扯他扯儿便怎的？"行者道："娘娘身上生了毒刺，手上有蜇阳之毒。自到麒麟山，与那赛太岁三年，那妖更不曾沾身，但沾身就害身疼，但沾手就害手疼。"众官听说，道："似此怎生奈何？"

他这才出面，收回仙衣，解释前因后果。既让国王对仙衣的功能有个切身体验，又是在众目睽睽之下。免得口说无凭，国王以后还是要疑神疑鬼，百官、后妃还是要议论纷纷。金圣宫虽保得清白，却还是不免"枉担其名"，没法做人。

三

没有神仙庇佑的女子，要保住贞节，就要困难许多。天竺国的公主被妖风刮到舍卫城祇树给孤园，那里的老和尚怎样待她？

> 我将他锁在一间敞空房里，将那房砌作个监房模样，门上止留一小孔，仅递得碗过。当日与众僧传道，是个妖邪，被我捆了，但我僧家乃慈悲之人，不肯伤他性命。每日与他两顿粗茶粗饭，吃着度命。那女子也聪明，即解吾意，恐为众僧点污，就装风作怪，尿里眠，屎里卧。

魏晋时的大名士王戎说错了话，于是假装吃多了五石散，药劲发作跳进了粪坑，这才逃得性命。朱元璋杀大臣，也有被吓得装疯扮狗吃粪便的。这都是臭男人的保命要紧，——对女子而言，既然"生死事小，失节事大"，那一个公主"尿里眠，屎里卧",也就是小焉者也,不足一论了。

四

老婆都曾有失贞之虞的乌鸡、朱紫两国的国王,都感念唐僧师徒的厚恩,提出要将王位相让,自己就做老百姓。

老百姓是老百姓,却也绝非孑然一身。乌鸡国王说:"我已死三年,今蒙师父救我回生,怎么又敢妄自称尊?请那一位师父为君,我情愿领妻子城外为民足矣。"

老婆孩子要带上,只不晓得是带一个原配,还是捎上一群小老婆。朱紫国王讲得便比较清楚:

> 若救得朕后,朕愿领三宫九嫔,出城为民,将一国江山尽付神僧,让你为帝。

不管怎么样,自己的女人是不能放手的。

是不爱江山爱美人么?听妖精要挟说,要是不交出皇后,"就要先吃寡人,后吃众臣,将满城黎民,尽皆吃绝",就是这位朱紫国王,"那时节,朕却忧国忧民,无奈将金圣宫推出海榴亭外,被那妖响一声摄将去了"。

五

对这个在危难关头亲手将自己推出来的丈夫,金圣皇后当然是毫无怨怼。在妖精洞中,"一片心,只忆着朱紫君王;一时间,恨不离天罗地网"。

猴子为国王抢女人,变成赛太岁派往朱紫国下战书的小妖,去妖洞中,得了与金圣娘娘接头的机会。赛太岁不识猴子的变化,吩咐他说:

> 你且去报与金圣娘娘得知,教他莫恼。今早他听见我发狠,要去战斗,他就眼泪汪汪的不干。你如今去说那里人马骁勇,必然胜我,且宽他一时之心。

这该算是百忙中犹自细心体贴么?这可是已经三年"糟鼻子不吃酒",硬挺了千日了。看书中描写,这妖王对金圣宫仍自做低伏小,真好性儿。

自然,贞节问题的大是大非面前,莫说相貌凶恶的赛太岁。真来个"潘驴邓小闲"[1],也万不可有分毫感动的。

---

[1] 《水浒传》第二十三回,"王婆贪贿说风情",总结了追女生的五个关键词:"第一件,潘安的貌;第二件,驴儿大的行货;第三件,要似邓通有钱;第四件,小就要棉里针忍耐;第五件,要闲工夫:——这五件,唤作'潘、驴、邓、小、闲'。"

不然，西门庆可恕，潘金莲难饶，海阇黎只需三四掭了账，潘巧云却要细细的活剐。赛太岁还可以被观音接回去继续当坐骑，金圣宫的下场，可就难说了。

牛魔王

一

孙猴子做妖精做得最风光的时候，有过热结七兄弟的把戏，"乃牛魔王、蛟魔王、鹏魔王、狮驼王、猕猴王、禺狨王，连自家美猴王七个"。

当时猴子往来的妖怪很多，能耐不行，如七十二洞妖王之类，就收为属下了。能结为兄弟的，总会有两把刷子。后来牛魔王展示出来的实力，也证明了这一点。

如此说来，大闹天宫的时候，若是猴子这几个兄弟都参与进来，岂不是当能做出一番更加轰轰烈烈的事业？

有一个细节颇可注意。猴子第一次打退天兵，这几个魔王都来贺喜。

> （猴王）却对六弟兄说："小弟既称齐天大圣，你们亦可以大圣称之。"内有牛魔王忽然高声叫道："贤弟言之有

理，我即称做个平天大圣。"蛟魔王道："我称覆海大圣。"鹏魔王道："我称混天大圣。"狮驼王道："我称移山大圣。"猕猴王道："我称通风大圣。"禺狨王道："我称驱神大圣。"

猴提议，牛接口，顺理成章。那为什么是"忽然高声叫道"，何忽然之有啊？

当时的形势下，称某某大圣，分明就是扯旗造反。猴子这个提议，不管是有意还是无意，客观上都是在拉兄弟下水。所以很可能，此议一出，本来觥筹交错，谈笑风生的酒会，登时一片沉默。这时忽响起一声"我即称做个平天大圣"，打破这凝重紧张的气氛，就很有"忽然"的效果了。

于是，其他的魔王也就纷纷跟进，这个大圣那个大圣了。——但是，牛出来喊这一嗓子，也就是打个圆场，给大家都有个台阶下。除了猴子，其他老几位，好像都没到处亮"大圣"的招牌。尤其是，他们不但没凑闹天宫的热闹，甚至，后来就再也不和猴子来往了。

二

各位魔王不愿意跟猴子一起革命，这不奇怪。天庭腐败低能是事实,但腐败对一个政权统治能力的锈蚀,总是一个长期的过程。现在离开王纲解纽,国家机器瘫痪可还早着呐。

造反这事儿,冲在前面的,几乎一定是炮灰。陈胜吴广振臂一呼就起来了不假,——摘取胜利果实的可是人家刘邦项羽。自己要是跟猴子一块儿闹腾,战斗是能更加轰轰烈烈,但也只是在天庭反动势力和西方佛教侵略者的联合绞杀下,更加轰轰烈烈的倒下而已。

之后猴子被压五百年,这几个兄弟连一次探望都没有。划清界限呢。也不奇怪。

奇怪的倒是,即使这样了,猴子好像仍很信任牛魔王跟自己的交情。经过号山枯松涧,唐僧被红孩儿拿去。一打听到说,红孩儿是牛魔王的儿子,猴子是怎生反应的?

> 行者闻言满心欢喜,喝退了土地山神,却现了本象,跳下峰头,对八戒、沙僧道:"兄弟们放心,再不须思念。师父决不伤生,妖精与老孙有亲。"

世故人情上,猴子有时是有些天真,可是他也不傻。牛魔王必曾给过猴子某种解释,使猴子相信,他坐视花果山独抗天兵,乃出于不得已。

我们虽无法知道这解释的具体内容,但自必十分合情合理。所以当沙和尚说："哥啊，常言道：'三年不上门，当亲也不亲'哩。你与他相别五六百年，又不曾往还杯酒，又没有个节礼相邀，他那里与你认甚么亲耶？"猴子还有些不满："你怎么这等量人！"

大概，老牛真是个很会做人的人罢。后面还有一些细节。比如，看他和碧波潭老龙酬酢时的谈吐举止，客气得很哩。对比猴子跟四海龙王在一起，都时时不忘要抢上风的态度，这差别就尤其明显。

三

孙行者三调芭蕉扇时，牛魔王的心理活动里有这么一句，"我当年做妖怪时"如何如何。换句话说，就是现在的老牛，已经不承认自己是妖怪了。

猴子被压五行山下期间，牛魔王娶了一妻一妾。小老婆玉面狐狸，花容月貌的富家女。这样财色双收的买卖，自然为许多男人所艳羡，但对牛魔王而言，这不过是锦上添花。——何况，这只是这两年内的事，老男人的花心，通常情况下不影响事业的大局。

明媒正娶了铁扇公主，才是老牛人生中的关键一步。铁扇公主虽然又叫"罗刹女"，但她不是女妖，相反，"自幼修持，也是个得道的女仙"。

小说写她居住的环境,什么"嵯峨势耸欺蓬岛,幽静花香若海瀛"啦,什么"时见白云来远岫,略无定体漫随风"啦,没有妖雾惨惨,都是仙家气象。连她身边的女童,也是"一身蓝缕无妆饰,满面精神有道心"。

猴子被镇压的这几百年,正是中国历史上最看重门第的几百年。士庶之别,判若天渊。直到猴子跟着唐僧踏完了取经路,这股风气仍未消歇。

唐僧离开长安后的第三年(历史上的时间而不是《西游记》里的时间,贞观五年),太宗皇帝不满意山东士族影响太大,于是修《氏族志》重排门第,可大臣仍然逆圣意,以山东崔氏为第一等;文人士子做小说意淫,要娶的也是"清河崔家"的女孩儿(最大名鼎鼎的当然就是《西厢记》里的崔莺莺);至于公主之类倒没这么吃香,至少名门大族是往往不屑与皇家联姻的。

妖与仙之间的关系,大概也类似庶族与士族罢。牛魔王虽然神通广大,能娶着铁扇公主,背后该当也有许多波折。

和猴子靠不断闹腾,搏出位引起天宫注意的"逆取"不同,老牛是通过更常见也更稳妥的方式,通婚,来一步步漂白自己身份的。

四

这些年里，牛魔王的生活方式，也确实越来越不像个妖了。

妖怪获得生产生活资料的方法，主要就是打劫，——不管是劫东西，还是直接"捉个行人，肥腻腻的吃他家娘"。或者诈骗，——比如车迟国、比丘国的妖怪变道士蛊惑国王，乌鸡国的妖怪直接变国王，以及玄英洞的妖怪变神佛，等等。

但牛家的家族企业不是这样。在女儿国，意外怀孕要打胎的，都要求着牛魔王的弟弟如意真仙，因为他：

> 护住落胎泉水，不肯善赐予人；但欲求水者，须要花红表礼，羊酒果盘，志诚奉献，只拜求得他一碗儿水哩。

在火焰山一带，当地的粮食生产，更是唯有依赖铁扇公主的芭蕉扇：

> 若知糕粉米，敬求铁扇仙。……铁扇仙有柄"芭蕉扇"。求得来，一扇息火，二扇生风，三扇下雨，我们就布种，及时收割，故得五谷养生；不然，诚寸草不能生也。

固然，要求落胎泉水和芭蕉扇，牛家的要价是高了些。但这是垄断行业必然会有的现象，老百姓虽然心怀不满，却也只好忍气吞声。毕竟，这等合法的且明码标价的抢劫，究不同于一般妖怪那种黑道上的买卖也。

五

黑道老大打下好大一片基业后，晚年想逐步的转正行，是影视片里常见的题材。但也正像影视片里常见的一样，老牛也碰到了一个他无法控制的问题。

儿子。

红孩儿

一

红孩儿大概三百来岁，他出生的时候，牛魔王已经事业有成。这样人家的小孩，很多人条件反射似的就会觉得，是个养尊处优的纨绔子弟。即使他做成了什么事，也会被认为靠的是父母的影响和资源。

果不其然，当行者向号山的山神土地询问，这妖怪叫什么的时候，他们首先介绍的就是，"他是牛魔王的儿子，罗刹女养的"。

红孩儿长得很漂亮，所谓：

面如傅粉三分白，唇若涂朱一表才。
鬓挽青云欺靛染，眉分新月似刀裁。
战裙巧绣盘龙凤，形比哪吒更富胎。
双手绰枪威凛冽，祥光护体出门来。
哏声响若春雷吼，暴眼明如掣电乖。

帅哥的才华如何，也比较容易遭到怀疑。所以实力派的男星如约翰尼·德普，本来何等风姿倜傥的人物，出镜时却总喜欢把自己弄得脏兮兮的。红孩儿不糟蹋自己的形象，对不少人而言，恐怕这也会加深这是个纨绔的印象。

二

对此，红孩儿显然是不甘心的。

他居住的号山枯松岭火云洞，距离火焰山有万里之遥。——这段路，唐僧师徒走了整整两年。

妖怪都有自己的地盘。白骨精之所以冒着被猴子棍毙的危险，也要赶着第三次变化了去欺骗唐僧，就是因为担心"若过此山，西下四十里，就不伏我所管了"。可见捞过界的行为，是妖怪这一行的大忌。

住得离父母这样远，在牛魔王的势力范围以外创业，恐怕就有红孩儿不愿意被当作是衙内、少爷一流的人物的因素。乃至，抓着唐僧了请老父来吃肉，一方面是孝心，一方面也是要给老爸看看，做儿子的有多出息的意思。

行者来攀亲，把自己和老牛之间交游的往事讲得清清楚楚，红孩儿为什么坚决不信？问题可能就出在猴子讲话的语气态度上：

> 趁早送出我师父，不要白了面皮，失了亲情；恐你令尊知道，怪我老孙以长欺幼，不像模样。
>
> 我老弟兄们那时节耍子时，还不曾生你哩！

完全是把对方当离不得父母羽翼的小孩。跟一个渴望证明自己的年轻人这么说话，别说还不能确定你是不是老叔，就是认得，恐怕也得给你来两下子。

三

红孩儿是很有点狠劲的。观音菩萨骗他坐到天罡刀上，于是：

> 那妖精，穿通两腿刀尖出，血流成汪皮肉开。好怪物，你看他咬着牙，忍着痛，且丢了长枪，用手将刀乱拔。

若是李逵似的黑大汉如此，倒也还罢了。一个雪白粉嫩的俊俏后生，这场面，实在有些凄厉，——当然，也很符合某些现代派的变态美。

其实，就是他施展法力，也带点先自虐，从而发泄出火焰的模样：

一只手举着火尖枪，站在那中间一辆小车儿上，一只手捏着拳头，往自家鼻子上捶了两拳。

所以才引得八戒笑他："这厮放赖不羞！你好道捶破鼻子，淌出些血来，搽红了脸，往那里告我们去耶？"

四

对自己如此，对旁人就更没什么客气。上一篇说了，牛氏家族的收入来源，很大程度上靠的是对某些技术资源的垄断，而与一般妖怪不同。

但红孩儿不是。

他在号山，闹得比一般妖怪还过分。采取的是横扫一切牛鬼蛇神（所谓"阴鬼之仙"）的打砸抢作风。

《西游记》里，山神、土地经常出场，大抵是受气包的角色，但也从来没惨到号山这个地步，"那行者打了一会，打出一伙穷神来，都披一片，挂一片，裩无裆，裤无口的"。原因呢？红孩儿和手下的一伙小妖，疯狂的盘剥，"若是没物相送，就要来拆庙宇，剥衣裳，搅得我等不得安生！"

山神土地好歹是天庭派驻人间的办事人员，政府公务员的身份。他们本身是没什么本事，但这么明目张胆地欺负他们，等于是挑衅政府的权威。这个后果红孩儿想过没有？

大概，他只凭一股子少年人的热血做事，看不到也懒得看这么长远。没远见这一点上，小牛犊子比较像他的猴子老叔，不大像他爹。

五

推算时间，唐僧一行经过火云洞的时候，恰也是牛魔王抛下铁扇公主，纳玉面狐狸做妾后不久。[1] 红孩儿见了猴子变的假牛魔王，不曾提这茬儿，没有出来为母亲鸣不平。是还不知道，还是做儿子的不好问？还是根本没当回事？不管哪种情况，对老妈不够关心，是肯定的。

相比"自幼修持"的母亲，红孩儿显然更亲近父亲，而且，只是那个"平日吃人为生"，"作恶多端"的父亲。

猴子变的假牛魔王说："我近来年老，你母亲常劝我作些善事。我想无甚作善，且持些斋戒。"于是红孩儿起了疑心。

---

[1] 火焰山的土地跟行者介绍说，"那公主（玉面狐狸）有百万家私，无人掌管，二年前，访着牛魔王神通广大，情愿倒陪家私，招赘为夫"。《西游记》写唐僧的行程，时序分明。火云洞遇红孩儿是秋天，之后是冬天过黑水河，次年早春至车迟国，过通天河时又入秋，一年。再往下，到金兜洞是冬天，春暖花开的时候发生女儿国的香艳故事，炽烈的"二心之争"是夏天，过火焰山时则是"三秋霜景"。所以唐僧才有"如今正是秋天，却怎返有热气"的疑惑，恰好是两年。

猴子捏的这谎，和那已经不承认自己是妖怪，喜欢坐在书房里"静玩丹书"的老牛其实非常搭调。偏偏红孩儿对父亲近年的这种转变选择性失明，——这次穿帮穿的，真真是阴差阳错。

老牛是该凶悍时凶悍，而摆平黑白两道方方面面的复杂关系，技巧尤见高明。红孩儿看得见前者，也在学；至于后面这种本事，他就完全体会不到。

这点，小牛犊子连他老叔也不像。不甘心做纨绔，可到底仍只是纨绔，只不过额外多了份残忍和破坏欲而已。

六

《西游记》里，猴子被火烧过多次。

老君的八卦炉，结果是没事，反而锻炼得铜筋铁骨，火眼金睛。

金角大王的芭蕉扇（和铁扇公主的当然不是同一把），没事，牺牲了一根毫毛就把事情摆平了。

火焰山，这次损失大些，"将两股毫毛烧净"，但仍是皮外伤。

只有碰到红孩儿被烧得最惨：

> 这大圣一身烟火，炮燥难禁，径投于涧水内救火。怎

知被冷水一逼，弄得火气攻心，三魂出舍，可怜气塞胸堂喉舌冷，魂飞魄散丧残生！

如果不是八戒按摩的本事了得，也许真就"亿万年不老长生客，如今化作个中途短命人"了。

大概，红孩儿不计后果，要表现，要发泄，要破坏。这种青春期叛逆的火性，和"自在为王"的政治暴力结合起来，远比其他一切烈焰，都要来得更凶猛罢。

山神土地

一

观音菩萨带着弟子惠岸行者到长安,"行至大市街旁,见一座土地庙祠,二人径进,唬得那土地心慌,鬼兵胆战"。菩萨决定就在这里下榻,结果是"把个土地赶到城隍庙里暂住"。

金兜山,行者化了斋饭,托当地的山神、土地保管。之后行者降妖怪救师父,折腾了几天,终于定下心来吃饭。"那饭热气腾腾的",猴子奇怪了,土地跪下解释:"是小神知大圣功完,才自热来伺候。"

火焰山,猴子一调芭蕉扇无功。有土地带着鬼卒赶来,"鬼头上顶着一个铜盆,盆内有些蒸饼糕糜,黄粮米饭,在于西路下躬身道:'我本是火焰山土地,知大圣保护圣僧,不能前进,特献一斋。'"

山神土地,受一方香火,本来位份也该算是不低的。但在《西游记》里,过往神佛(包括唐僧师徒这样预备成佛的)的接待工作，好像才是他们工作的重心。

这是明代的实际情况。海瑞曾经发牢骚，说如今的情形，"县官真做了一个驿丞"。各级行政长官，乃至行政长官的亲朋——本无资格享受公款接待的——过境，地方官都不得不殷勤招呼。一年到头的精神，基本都消耗在这些迎来送往上了。

二

一个人对人是颐指气使还是低三下四，分是在谁面前。官场人物，尤其是如此。

《西游记》多写大牌的神佛和牛气的妖怪，所以山神、土地常是可怜相。吴承恩的笔力了得处，另一面，他随手一笔，也就分明点出。

火焰山的土地，本是为太上老君烧火的道士，因为八卦炉瓦斯泄漏，他才被贬为土地的。

猴子扇灭了火焰山的大火后，他本可以被赦归天，"回缴老君法旨"的。可是，他却说什么"小神居此苟安，拯救这方生民；求些血食，诚为恩便"，不想回去了。

宰相的家奴七品官，所以比级别，三十三天以上的兜率宫的锅炉工人，可能是比土地还高些。但，直接执掌和老百姓生产生活密切相关的部门，和耗在那个"不进南天门不知道官小"的地方，到底不同。

三

红孩儿把山神、土地欺负得最惨，之前，也有过看起来很类似的情形。

平顶山，银角大王用峨嵋、须弥和泰山三座大山把猴子给压趴下了。这时揭谛们出来跟山神、土地打招呼，让他们赶紧把猴子放了。猴子出来后发怒：

> 行者道："好土地！好山神！你倒不怕老孙，却怕妖怪！"
> 土地道："那魔神通广大，法术高强，念动真言咒语，拘唤我等在他洞里，一日一个轮流当值哩！"

于是猴子很感慨，"天啊！既生老孙，怎么又生此辈？"

其实，这次和号山那次的情况，大不一样。号山的山神、土地一见猴子就告状，是真被折腾惨了，而这次土地说的，肯定不是全部实际情况。

逮着谁就乱欺负，是红孩儿这种愣头青的作风；银角大王乃是老练"把势"的妖怪，自然就很懂得审时度势的道理。他是深知，要把黑社会做成很有前途职业，是一定要和当地的政府部门搞好关系，乃至要分工合作的。

平顶山的土地、山神和金角、银角之间，必然有某种说不清道不明的利益牵连，所以才会发生银角要他们移山压人，他们当即就压了的情况。等发现压的人物大有来头（事先他们并不知道压的是谁，所谓"委实不知不知，只听得那魔头念起遣山咒法，我们就把山移将来了，谁晓得是孙大圣？"），才大谈一番妖魔如何神通广大自己无可奈何。这是在替自己撇清，问题严重了，就只好出卖自己黑道上的伙伴了。

所以，猴子这时候发表什么类似"既生瑜，何生亮"的感叹，显然是表错了情。

其实，堂堂一个大闹天宫时"更无一神可挡"的齐天大圣，这次就由于没有表明身份，被几个小小山神镇压得一点办法都没有。猴子要是来一句"吾尝将百万军，然安知狱吏之贵乎！"[1]倒还比较符合气氛一点。

---

[1] 这是《史记·绛侯周勃世家》里的话。周勃是汉高祖刘邦的大将，功劳很大。但后来被诬下狱，很受了折磨。出狱时，便说了这个话。

大话西游

往西天去的路上,猴子说了一路的大话。

初被唐僧救出来,打死一只虎:

> 长老在马上问道:"悟空,你才打虎的铁棒,如何不见?"行者笑道:"师父,你不晓得。我这棍,本是东洋大海龙宫里得来的,唤做'天河镇底神珍铁',又唤做'如意金箍棒'。当年大反天宫,甚是亏他。随身变化,要大就大,要小就小。刚才变做一个绣花针儿模样,收在耳内矣。但用时,方可取出。"三藏闻言暗喜。又问道:"方才那只虎见了你,怎么就不动动,让自在打他,何说?"悟空道:"不瞒师父说,莫道是只虎,就是一条龙,见了我也不敢无礼。我老孙,颇有降龙伏虎的手段,翻江搅海的神通;见貌辨色,聆音察理,大之则量于宇宙,小之则摄于毫毛!变化无端,隐显莫测。剥这个虎皮,何为稀罕?见到那疑难处,看展本事么!"

倒是没吹牛，只是太不含蓄。不过坦诚也是美德，往用人单位投档案的时候，话总要说得大一点，不奇怪。

过一会儿，见到一个一百三十岁的老人，非要强调"还是我重子重孙哩"，这就好像有点没必要了。等碰到观音禅院的金池长老，——人家是二百七十岁，——他又说"这还是我万代孙儿哩"。猴子年纪其实没这么大，满打满算一千来岁的样子而已。他看这老和尚不顺眼，这么说是有意恶心人。

不久后和黑熊怪交手，讲述自己的光辉史，作七言古风一首。不料，黑熊虽然看来似是个烧窑筑煤刷炭的，倒是知根知底的妖怪，一语道破："你原来是那闹天宫的弼马温么？"弄巧反拙了。

但猴子显然乐此不疲，往后这样的古风作了一首又一首。憋屈了五百年重新见人，真有点成话痨的趋势。——周星驰的《大话西游》一出，唐僧就成了啰唆的代名词。实际上，这能把人烦死的本事，倒是从猴子身上移植过来的。比如黄风岭下的老人就对猴子说过，"好道活活的聒杀我"。

董说的《西游补》，典型的文人小说，故刻画猴子的这种自赏情绪，倒比原著来得格外传神些。写猴子被困红线之中，得一老翁相救：

行者方才得脱，便唱个大喏，问："翁长姓甚名谁？

我见佛祖的时节，也要替你注个大功劳。"老人道："大圣，吾叫做孙悟空。"行者道："我也叫做孙悟空，你又叫做孙悟空！一个功劳簿上，如何却有两个孙悟空？你且说平日做些什么勾当来，等我记些事实罢了。"老人道："若问我的勾当，也怕杀人哩！五百年前要夺天宫坐坐，玉帝封我弼马温做做。齐天大圣是我，五行山下苦一苦，苦一苦，苦得一个唐僧来。从正西天铣上有灾危，偶在青青世界躲。"行者大怒，道："你这六耳猕猴泼贼！来要我么？看棒！"耳中取出金箍棒望前打下。老人拂袖而走，喝一声道："正叫做自家人救自家人，可惜你以不真为真，真为不真！"突然一道金光飞入眼中，老人模样即时不见。

行者方才醒悟是自己真神出现，慌忙又唱一个大喏，拜谢自家。

一个人站着傻吹毕竟无趣，这时就要用到这身外身的本事。猴子变牛魔王骗红孩儿，要拖延时间叫他别吃唐僧是一方面，同时也是丰富了自吹自擂的形式：

> 莫惹他！莫惹他！别的还好惹，孙行者是那样人哩！我贤郎，你不曾会他，那猴子神通广大，变化多端。他曾大闹天宫。玉皇上帝差十万天兵，布下天罗地网，也不曾

捉得他。你怎么敢吃他师父！快早送出去还他，不要惹那猴子。他若打听着你吃了他师父，他也不来和你打，他只把那金箍棒往山腰里搠个窟窿，连山都掬了去。我儿，弄得你何处安身，教我倚靠何人养老！

前前后后，猴子对付不了妖怪法术的次数虽然不少，但向来败得潇洒，当真是"逃都逃得那么帅"。独对红孩儿，弄到几乎丧命的地步。这时说"那猴子如何神通广大，变化多端"云云，是手上输了，只好力图在嘴上找回场子。阿Q打不过小D，于是狠狠骂一声"儿子打老子"；孙悟空变成牛魔王，以坐实红孩儿确实是儿子打老子，算是略胜一筹罢。

三调芭蕉扇

韩非子说，上古竞于道德，中世逐于智谋，当今争于气力。一调芭蕉扇猴子一口一个"嫂子"的讲亲情，"竞道德"是也；二调芭蕉扇变成老牛的模样搞诈骗，"逐智谋"是也；三调芭蕉扇则是猴子加猪加火焰山土地及阴兵加南天门的李天王与哪吒三太子加佛门的四大金刚合伙对老牛发动围攻，"争气力"是也。

三次借扇，正可与这套世风日下的理论相印证。

一

猴子缺乏政治头脑要造反，老牛能出卖花果山的利益，坐视他被天兵天将围剿；儿子不知道好歹要吃唐僧，老牛就不能不管。

于是，就像推倒了第一块多米诺骨牌，老牛身边的人，一个接一个的卷了进来，然后倒了下去。先是女儿国的如意真仙，然后老牛的大小老婆，最后是老牛自己。

是如此，又好像不尽是如此。五百年后的兄弟相见：

> 牛王喝道："且休巧舌！我闻你闹了天宫，被佛祖降压在五行山下，近解脱天灾，保护唐僧西天见佛求经，怎么在号山枯松涧火云洞把我小儿牛圣婴害了？正在这里恼你，你却怎么又来寻我？"大圣作礼道："长兄勿得误怪小弟。当时令郎捉住吾师，要食其肉，小弟近他不得，幸观音菩萨欲救我师，劝他归正。现今做了善财童子，比兄长还高，享极乐之门堂，受逍遥之永寿，有何不可，反怪我耶？"

猴子对红孩儿事的解释，同样的内容已经说过多次，措辞微有分别而已。

如意真仙是听了大怒，"我舍侄还是自在为王好，还是与人为奴好？"他是牛魔王的小弟。同属小弟身份的李逵，发表过"招甚鸟安"理论，内容与此如出一辙。这种话是说起来爽利，非长久之计。

铁扇公主更不能释怀。"我那儿虽不伤命，再怎生得到我的跟前，几时能见一面？"母子天性，非利益考量。

但老牛看来反而是听得进的，做爹的想得比较多比较远，猴子说这个前程不错，老牛基本还是认可的。芭蕉扇、落胎泉什么的，收益是大的，但民营资本，到底不甚稳便。《二刻拍案惊奇》里，一个徽商将一个女子"认做自己女儿，不争财物，反赔嫁装，只贪个纱帽往来，便自心满意足"。——红孩儿就这么有了官方背景，倒是省了老牛收干女儿的麻烦。

所以他说"这个乖嘴的猢狲！害子之情，被你说过"。儿子被害哪能真是被乖嘴说过的？骂是掩饰喜色，不然就真得承猴子的情了。

至于下一个问题，"你才欺我爱妾，打上我门何也？"这茬，老牛明显本来就没打算和猴子深究。小情人撒娇发脾气，不表现得很重视是不行的，真的很重视也是不必的。所以猴子道个歉，也便了结了：

> 牛王道："既如此说，我看故旧之情，饶你去罢。"

二

但一说要借扇子，牛魔王脸色就变了，

> "你说你不无礼，你原来是借扇之故！一定先欺我山妻，山妻想是不肯，故来寻我！且又赶我爱妾！常言道：

'朋友妻，不可欺；朋友妾，不可灭。'你既欺我妻，又灭我妾，多大无礼？上来吃我一棍！"

刚刚说算了的事，转眼就又计较起来了。摆明是借口，另有理由存焉。

东汉和帝的时候，西域都护班超派甘英西行出访大秦（罗马帝国）。到了西海边上，当地的安息人跟甘英说："海水十分广大，碰上顺风，三月能够到对岸，如果逆风的话，那就得耗上两年。所以出海的人，都要准备上三年的粮食。航海途中，人容易思恋故土，并且经常有海难失事。"[1]于是，甘英就放弃了。

被描述得如此可怕的"西海"，里海耳，远非什么不可逾越的障碍。

安息人夸大其辞的吓唬甘英，原因很简单，他们垄断着中国的丝绸和罗马的珍宝之间的交换贸易。要是中罗之间可以畅通的往来，中间商的利益也就荡然无存了。

火焰山，就是牛魔王的逼人"赍三岁粮"，且"数有死亡"才能渡过的西海。扇子在手，决定着火焰山烧还是不烧，也等于是掌管着东西方交流的大门的钥匙。所以，别的好说，要借

---

[1] 《后汉书》载："安息西界船人谓英曰：'海水广大，往来者逢善风三月乃得度，若遇迟风，亦有二岁者，入海人皆赍三岁粮。海中善使人思土恋慕，数有死亡者。'"

扇子可不行。

"物虽小而恨则深",经济命脉啊!

三

猴子沿途遇到险阻,找人帮忙是常事。——独对牛魔王这次不是。

加上猪的配合,基本已经能搞定老牛了。不必再另找帮手,但帮手还是自己凑上来了:

> 那牛王拼命捐躯,斗经五十余合,抵敌不住,败了阵,往北就走。早有五台山秘魔岩神通广大泼法金刚阻住,道:"牛魔,你往那里去!我等乃释迦牟尼佛祖差来,布列天罗地网,至此擒汝也!"正说间,随后有大圣、八戒、众神赶来。那魔王慌转身向南走;又撞着峨眉山清凉洞法力无量胜至金刚挡住,喝道:"吾奉佛旨在此,正要拿住你也!"牛王心慌脚软,急抽身往东便走,却逢着须弥山摩耳崖毗卢沙门大力金刚迎住道:"你老牛何往!我蒙如来密令,教来捕获你也!"牛王又悚然而退,向西就走;又遇着昆仑山金霞岭不坏尊王永住金刚敌住,喝道:"这厮又将安走!我领西天大雷音寺佛老亲言,在此把截,

谁放你也！"

精心布置的包围圈。四大金刚都在强调同一个要点，他们的到来，全是大雷音寺最高领袖如来佛祖的亲自安排。

同时，南天门也不能不来分一杯羹：

> 却好有托塔李天王并哪太子，领鱼肚药叉、巨灵神将，幔住空中，叫道："慢来！慢来！吾奉玉帝旨意，特来此剿除你也！"

不是老牛非这么多人一起到场才能解决。而是反映了上面对这个问题的重视，这件事，一定得做得万无一失。

打开火焰山的门户，看来佛祖和玉帝，也是期待很久了。

四

《西游记》的世界里，一个妖怪可能的出路，是什么？

积极投身天庭或佛教的等级体系当中去？人家比的是资历，是出身。就是组织上宽宏大量接纳你了，你也就是老老实实被使唤被歧视的分，比如当个坐骑什么的。——老牛最后被押解回灵山，不知道是不是也是这个命。道祖当年出函谷关的时候骑一头青牛，佛祖要弄头白牛比试一下，倒不是没有这个可能。

不想被欺压（骑压），那去创自己的业吗？——不管你是不是想造反，没有政府的支持而能把事业做大，本来就是令人厌恶的事。

其实，老牛基本还是想迎合体制的。不过，相比他发家的速度，这个态度表现得迟缓了一点；想权钱交易而不想交出芭蕉扇，愿意出的血又太少了一点。他还是太低估这个社会里，权力有多金贵了。

明朝号称是"资本主义萌芽"了的阶段了罢？商家也确实经营出一些气象。但若没有官方背景，只要被工商和税务部门的人盯上你的钱袋：

> 有素称数万之家而至于卖子女者，有房屋盈街拆毁一空者，有潜身于此旋复逃躲于彼者，有散之四方转徙沟壑者，有丧家无归号哭于道者，有剃发为僧者，有计无所出自缢投井而死者，而富室不复有矣。[1]

---

[1] 高拱《议处商人钱法以苏京邑民困疏》。此是隆庆间的情形，当时吴承恩六十多岁。

五

犯了"十恶大罪"的猴子，被当成可以改造好的典型而成了正果；不想造反，只是由于投身体制的态度不够积极的老牛则被整得家破人亡。老牛恐怕不免要感叹，命运是何其的不公。

宽容猴子，这不代表天宫或大雷音寺就是一个仁慈的政府；正如这么对待老牛，也不见得就是如来、玉帝特别残暴。只说明，天上的神仙犯错了是该给太上老君烧火还是下界来当土地，——不管是明规则还是潜规则罢——还比较有章可循；而上面处置起这些体制外的角色来，则有很大的随意性。

当然，有一点可以肯定，就是猴子最多是一只两只，老牛却一定有千千万万。

红玫瑰与白玫瑰

一

老牛的家族势力崩溃,猪八戒出力最勤,故此回书谓之"猪八戒助力败魔王"。老猪自述云:

> 那老牛的娘子被我一钯筑死,剥开衣看,原来是个玉面狸精。那伙群妖,俱是些驴骡犊特、獾狐猞獐、羊虎麋鹿等类。已此尽皆剿戮,又将他洞府房廊放火烧了。土地说他还有一处家小,住居此山,故又来这里扫荡也。

概括得好,真是"扫荡"。对妖精采取烧光杀光的战法,取经队伍自来如此,这趟特殊点的,是把小狐狸"一钯筑死",还要"剥开衣看"。

《西游记》里狐狸不多,变化成年轻貌美的女性的,另外还有比丘国的美后。巧的是,也是死于猪八戒之手,老猪并为其定性曰："这个哄汉子的臊精！"

八戒自己夫妇不能团圆，好色心又常成别人的笑料。故破坏别人的家庭，或站在伦理道德的立场上对狐狸精搞大批判，也是一种发泄和补偿。碰到这种情况，表现就特别积极些。

二

所谓狐狸精者，自然是善把女性的性别魅力，发挥得淋漓尽致的。老牛的小妾玉面狐狸，尤是其中翘楚。

所以，她便"粉汗淋淋"，"兰心吸吸"的跑到老牛跟前，告起铁扇公主的状来。老牛的反应：

> 牛王闻言，却与他整容陪礼。温存良久，女子方才息气。魔王却发狠道："美人在上，不敢相瞒，那芭蕉洞虽是僻静，却清幽自在。我山妻却是家门严谨，内无一尺之童，焉得有雷公嘴的男子央来……"

神妖两界声名赫赫的牛魔王，连"美人在上"的话都说了，老牛也真是给小狐狸折腾得怕了。但即使这种时候，他在新欢面前也不编派发妻的不是。老男人在小女生面前抒发寂寞，特别要把自己的原配描述得不堪，倒是耳熟能详的桥段了。老牛不如此,还是有道德底线的。

当然,也该是铁扇公主这个大奶奶,确实不怎么给旁人说嘴的余地罢。当日的世风比现在不同,拦着老公不让养二奶,社会舆论便认得这做夫人的"不贤"了。与猴子假变的老牛相见时,铁扇的表现是有哀怨有风情,但老牛两年不归,铁扇也就生是没托人或亲自去积雷山摩云洞一趟。真真耐得。

三

抄书,猴子骗铁扇公主的那段:

酒至数巡,罗刹(铁扇公主)觉有半酣,色情微动,就和孙大圣挨挨擦擦,搭搭拈拈,携着手,俏语温存;并着肩,低声俯就。将一杯酒,你喝一口,我喝一口,却又哺果。大圣假意虚情,相陪相笑;没奈何,也与他相倚相偎。果然是:

钓诗钩,扫愁帚,破除万事无过酒。男儿立节放襟怀,女子忘情开笑口。面赤似夭桃,身摇如嫩柳。絮絮叨叨话语多,捻捻掐掐风情有。时见掠云鬟,又见轮尖手。几番常把脚儿跷,数次每将衣袖抖。粉项自然低,蛮腰渐觉扭。合欢言语不曾丢,酥胸半露松金钮。醉来真个玉山颓，饧眼摩娑几弄丑。

噫，遥想当年，初看《西游记》，这是起到性启蒙作用的几段之一。素日端庄的铁扇仙来了云情雨意，比起小狐狸来另有一种"色情"。倭国的成人电影里，人妻系列蔚为大宗，良有以也。

四

借芭蕉扇的过程里，猴子与老牛前后大战了三轮。

第一个回合，单挑，老牛似乎有点心理优势，但结果是平手。打了一半老牛喊暂停赴宴去了。

第二个回合，"八戒发起呆性，仗着行者神通，举钯乱筑。牛王遮架不住，败阵回头"。接下来赌变化，老牛连原身都现了，也没占着便宜，只好"就地一滚，复本象，便投芭蕉洞去"。

其实到这个地步，已经没必要再打了。铁扇提出来："大王！把这扇子送与那猢狲，教他退兵去罢。"这时候再搞右倾投降主义，机会已经不大，却仍是可能实行的最明智的决定。但老牛还牛脾气上来了，非再打第三轮不可。

要心理分析，可说的话多得很。但对爱情故事感兴趣的，不妨特别注意一个细节，——就是在这第二轮的混战中，猪把小狐狸筑死了。

死了，蚊子血就成了朱砂痣。换作细腻感伤的女作者，当能展开描写：此刻老牛是如何的悲恸，以及铁扇看着老牛在毫无希望的情况下"拼命捐躯"的死战，心头是怎生一种滋味。

五

最终，反是只有铁扇独幸免于难，带着芭蕉扇回翠云山修炼。丈夫被送上西天了，——但本来也已经两年不归了；儿子被羁留在南海观音处，——但红孩儿就是在火云洞，原也不是个会常回家看看的样子。

所以，家居寂寞无聊，与前一般同。只是这下连个念想也没了，倒或者反而心如止水。绝望之后好修行，铁扇"后来也得了正果，经藏中万古流名"。

"三调芭蕉扇"这几回，影响实在太大，所以《西游记》的续书，对原著里旁的故事可以不理会，这一节，却还要抓着做文章的。

《后西游记》里说到牛魔王后来的命运：

> 他在翠云山中兴妖作怪，也算一霸。只因火焰山不借

扇子，恼了老大圣，奏请哪吒太子拿了他见佛，性命几乎已登鬼箓，幸亏其妻罗刹女修成仙道，欲要拔他同升，因他恶孽甚重，决无登仙之理，欲要听他堕落，又不见仙家之妙。故上帝仁慈，将他封为罗刹鬼王，不生不死，自开一国。

有意思的是，不但老牛没"堕落"，连小狐狸也未下地狱，留在老牛身边，做个国妃玉面娘娘。

六

这一来，铁扇的表现，倒俨然是张爱玲对胡兰成的态度了。当初你另结新欢时，我不去找你纠缠；现在你落难了，我救你帮你。不是想鸳梦重续，是给自己干干净净一个了断。

铁扇救了牛魔王脱难，自己却没在罗刹鬼国中居住。老牛感念铁扇成全之德，造了座刹女行宫表示纪念。铁扇看来，大概也实属"夹缠得奇怪"。派个老妈子在那里打理，她自己，连鬼国中的供奉都不受。

龙王降雨

一

为扑灭红孩儿的三昧真火，猴子去找东海龙王帮忙：

> 那龙王道："大圣差了。若要求取雨水，不该来问我。"行者道："你是四海龙王，主司雨泽，不来问你，却去问谁？"龙王道："我虽司雨，不敢擅专；须得玉帝旨意，吩咐在那地方，要几尺几寸，甚么时辰起住，还要三官举笔，太乙移文，会令了雷公电母，风伯云童。俗语云：'龙无云而不行哩'。"

从这番话看，所谓龙王"司雨"，只是一个苦力的角色。

泾河老龙的遭际，就更见得凄惨。为了和一个术士争一口闲气，泾河老龙降雨时，和玉帝规定的相比，"改了他一个时辰，克了他三寸八点"。其结果便是被送到剐龙台上，"难免一刀"。

这么看来,从理论上说,天要下雨,龙王说了完全不算,那么,民间用猪头三牲去龙王庙求雨,岂不是走错了门路?

二

中央集权政府最基本的信念,便是最高中央能对事无巨细的一切问题都做出英明的决策。所以像降雨这样的事情,应该是从"玉帝掷下旨意"开始的,然后,才下达到各个具体的执行部门。

显然,这是一个不切实际的想法。

如我们所知,对这种大一统理念身体力行的皇帝,都是一些累得要死要活的劳模。《史记》中记载,秦始皇批阅奏章,"至以衡石量书,日夜有呈,不中呈不得休息"。而有人计算过明太祖朱元璋一天的工作量,仅批阅奏章一项,平均每天就要看二十余万字,处理四百二十三件事。

玉帝不会比他们轻松。"在那地方,要几尺几寸,甚么时辰起住",规定如此明细,如果同时有多处要下雨的话(显然这是常有的事),工作量就十分巨大。——何况,下雨还只是他日理万机中的一"机"而已。

当然,玉帝或许也有猴子那种拔把毫毛变无数法身的本事（不过他身上的毛发无疑比猴子少很多），所以比起秦皇洪武来，算是较有办法。但是，如果考虑到"天上一日，地上一年"的因素，他面前堆积的问题，就只有更多。

"三年无雨三年涝，十年倒有九年荒"，每年的降雨量掌控得如此糟糕，原来症结在此！

三

在凤仙郡，因为累年干旱，搞得"大小人家买卖难，十门九户俱啼哭。三停饿死二停人，一停还似风中烛"。猴子找东海龙王敖广降雨，龙王不敢擅专，要猴子自己去找玉帝请示。到了灵霄殿下，才弄清无雨的缘由：

> 玉帝道："那厮（指凤仙郡郡守）三年前十二月二十五日，朕出行监观万天，浮游三界，驾至他方，见那上官正不仁，将斋天素供，推倒喂狗，口出秽言，造有冒犯之罪，朕即立以三事，在于披香殿内。汝等引孙悟空去看，若三事倒断，即降旨与他；如不倒断，且休管闲事。"

凤仙郡禁止下雨，是一把手震怒并亲自在抓的问题，龙王自然就不敢动作了。但要玉帝不在灵霄宝殿待着，而"监观万天，浮游三界"，可真是一小概率事件（否则，比凤仙郡郡守混蛋的地方官多了，为什么雨还照下不误）。决策部门太喜欢抓权，结果导致事情多得管不过来，也就只好对执行部门的作为睁一只眼闭一只眼。

这就造成了龙王的实际权力，永远比理论上要大得多。在绝大多数时候的绝大多数地方，中央既没说要下雨也没说不许下的，龙王通常都是能做得了主的。

所以，另外几次猴子找龙王，龙王虽也推说了两句无玉帝旨意云云，但旋即就还是降起雨来了。只不过，下雨时没有风云雷电这些凑趣的。

可以想象，这种没有经过审批的私雨，不是一次两次。

同样可以想象，孙大圣那是面子大，龙王怎么都得卖个人情；换作平头百姓求雨，就不能这么空口说白话了。龙王庙的香火旺盛，不是没来历的啊。

正所谓：东边日出西边雨，又是龙王舞弊时。

四

四海龙王私自降雨，而且降雨量还颇不小：

> 好雨！真个是：潇潇洒洒，密密沉沉。潇潇洒洒，如

天边坠落星辰；密密沉沉，似海口倒悬浪滚。起初时如拳大小，次后来瓮泼盆倾。满地浇流鸭顶绿，高山洗出佛头青。沟壑水飞千丈玉，涧泉波涨万条银。三叉路口看看满，九曲溪中渐渐平。

比起改动片刻时辰，克扣几寸点数，这罪过可该大得多了罢？为什么，独泾河老龙受了那么重的惩罚？

是他地位低下？虽然泾河龙王也做到了长安城附近的八河都总管之职，但和四海龙王比，毕竟差得远。是过去所谓的"小腐败戴手铐，大腐败做报告"么？

是不幸刚好碰到严打？龙王们在降雨过程里受贿舞弊搞得太厉害了，玉帝为了维护自己廉政爱民的形象，决定要办一个典型。泾河老龙属于是撞到枪口上的？

还是背后另有猫腻？官员获罪，公开的罪名并非真正的原因，也是官场文化的老传统了。

有一个细节不妨提出。泾河老龙被斩，他的家族没有就此败落，他的儿子们都得了不错的工作岗位：

> 第一个小黄龙，见居淮渎；第二个小骊龙，见住济渎；第三个青背龙，占了江渎；第四个赤髯龙，镇守河渎；第五个徒劳龙，与佛祖司钟；第六个稳兽龙，与神宫

镇脊；第七个敬仲龙，与玉帝守擎天华表；第八个蜃龙，在大家兄处，砥据太岳。

即使是第九个小儿子鼍龙，虽然"因年幼无甚执事"，却也不妨"待成名，别迁调用"。

落水的官员，因为口风严，谁也没交代出来，所以了断了自己，却给儿女换个锦绣前程。也不是冷僻的故事罢。

蟠与鼍

火云洞红孩儿的故事之后，紧接着是黑水河。作者可能是有意安排，因为红孩儿和黑水河的小鼍龙，是《西游记》里难得的我们知道他父母是谁的妖怪。

鼍龙的父亲泾河老龙因在降雨过程中弄虚作假，被玉帝处斩，他只好随母亲，住在母舅西海龙王敖顺家里。——这处境很容易让我们想起《红楼梦》里的呆霸王薛蟠。没爹的孩子，娘家的长辈提供经济支持好说，代为管教，就有这样那样的不方便之处了。"未免溺爱纵容，遂至老大无成"也就是自然的结果。薛蟠"虽是皇商，一应经济世事，全然不知，不过赖祖父之旧情分，户部挂虚名，支领钱粮，其余事体，自有伙计老家人等措办"。西海龙王跟猴子介绍鼍龙，"因年幼无甚执事，自旧年才着他居黑水河养性，待成名，别迁调用"，场面话，背后可能也是一样的事实。

小鼍龙也是真像薛蟠。形象比较困难：

>方面圜睛霞彩亮,卷唇巨口血盆红。
>
>几根铁线稀髯摆,两鬓朱砂乱发蓬。
>
>形似显灵真太岁,貌如发怒狠雷公。

本事不济:

>沙僧闻言大怒,轮宝杖,劈头就打。那怪举钢鞭,急架相迎。……他二人战经三十回合,不见高低。

和沙僧单挑居然打个平手,西天路上的妖怪里面,这也该算是创了纪录了的。然后当然是仗势欺人:

>那老人磕头滴泪道:"大圣,我不是妖邪,我是这河内真神。那妖精旧年五月间,从西洋海,趁大潮来于此处,就与小神交斗。奈我年迈身衰,故他不过,把我坐的那衡阳峪黑水河神府,就占夺去住了,又伤我许多水族。我却没奈何,径往海内告他。原来西海龙王是他的母舅,不准我的状子,教我让与他住。我欲启奏上天,奈何神微职小,不能得见玉帝。"

这黑水河神摆明也是"逢冤"(冯渊)了。——央视《西游记》的续集，还要给小鼍龙加一段抢人家闺女的戏，不知道编剧是不是也发生了类似的联想。

抢黑水河神府这件事，西海龙王显然知道，但应该不是他的指使。没必要，甚至他可能也觉得这样做不好，但既然外甥已经做了，那能掩盖过去便掩盖过去罢。贾政辈对薛蟠打死人的态度，当大略亦如是。

这样纵容的结果，当然是乱子越闯越大。"薛文起复惹放流刑"，到底包庇不住了；小鼍龙居然又去抓了唐僧，招惹了老龙王怎么也得罪不起的齐天大圣。猴子找到西海龙宫去，"龙王见了，魂飞魄散，慌忙跪下叩头"。

为撇清自己，西海龙王也只好置外甥于不顾了，派太子摩昂，"将小鼍捉来问罪"。——鼍龙抓了唐僧，还惦记着请舅父来暖寿，却换来这样一个结果。再想起自己相继早逝的父母，他的心头，想必会有"有谁从小康人家而坠入困顿么，我以为在这途路中，大概可以看见世人的真面目"之类的感慨。

摩昂一到黑水河，并没有表明来意，鼍龙就已经起疑，吩咐手下把兵刃备好。一对话，更是言语不合，没说几句就打了起来。看来，这对表兄弟的感情，一向就不怎么好。

薛蟠也有些醋贾宝玉。宝玉挨打，薛蟠挨了几句抱怨，反应竟极其强烈：

"……分明是为打了宝玉,没的献勤儿,拿我来作幌子。难道宝玉是天王?他父亲打他一顿,一家子定要闹几天。那一回为他不好,姨爹打了他两下子,过后老太太不知怎么知道了,说是珍大哥哥治的,好好的叫了去骂了一顿。今儿越发拉下我了!既拉上,我也不怕,越性进去把宝玉打死了,我替他偿了命,大家干净!"一面嚷,一面抓起一根门闩来就跑。

太子摩昂是比较上进的官场子弟,将来当是北静王一流,和叛逆的石头贾宝玉自然大不相同。但这点分别,在薛蟠和鼍龙的眼里,可能恰恰是最不重要的。摩昂与宝玉都形神俊爽,在场面上进退周旋得体。日常生活中,会得到更多的真心喜欢,——才是引起敌意的关键。

偶然看到网络新闻,说中国青少年对长相的重视程度,居世界之冠。虽然据说是流行文化惹的祸,倒也是太阳底下无新事。

龙生九种

积水成渊，蛟龙生焉，有时小到一井之微，亦有龙王。但《西游记》五十一回明言，北天门内乌浩宫有水德星君，总管"四海五湖、八河四渎、三江九派并各处龙王"。可见各水域的地方官员，却常常并非由龙族成员担任。如鼍龙居住的黑水河有河神，后来变作唐僧脚力的西海小白龙，曾在鹰愁涧安身，鹰愁涧也是另有水神。

大抵，龙是水中大族，然而一般龙族子弟，如不得玉帝或如来的敕封，仍是一介平民。此点，《封神演义》与《西游记》的设定相同。哪吒打死东海龙王三太子敖丙，老龙王不说连我的儿子你也敢打，而反复强调"吾儿乃兴云布雨滋生万物正神"，盖此种身份，非一般龙子所能有也。观音给小白龙的临别赠言曰：

> 你须用心了还业障，功成后，超越凡龙，还你个金身正果。

取经成功才能"超越凡龙",则显然小白龙虽亦是龙王三太子(西海),却远够不上正神的地位。

当然,龙族亦自有能力将绝大多数水系掌控在自己手中。多子多孙是第一步,然后是多元化的教育,所谓"龙生九种,各各不同"。龙王司雨,既隶属于天宫的水利部门,同时又在东西南北四海有其各自的根基。而他们的子弟所在,则十分分散。如前面提到泾河老龙的八个儿子,既有淮河、济水、长江、黄河等大水系的地方官吏,又有玉帝、佛祖等高层首长的身边人。《红楼梦》第四回的护官符,历来为论者所爱征引:

贾不假,白玉为堂金作马。(宁国荣国二公之后,共二十房分,宁荣亲派八房在都外,现原籍住者十二房。)

阿房宫,三百里,住不下金陵一个史。(保龄侯尚书令史公之后,房分共十八,都中现住者十房,原籍现居八房。)

东海缺少白玉床,龙王来请金陵王。(都太尉统制县伯王公之后,共十二房,都中二房,余在籍。)

丰年好大雪,珍珠如土金如铁。(紫薇舍人薛公之后,现领内府帑银行商,共八房分。)

不可只注意歌诀对四个家族权势富贵的渲染。后面介绍每个家族房数之多,以及各房分布情况,尤其重要。部分进入都中,部分留在原籍,这才是延续家族生命的关键法门。《剑桥中国晚清史》的作者写道:

> 一个世家还可以同时在乡下和大城镇扎下根基,以分散它的人力和物力资源。当农村发生灾荒和骚动时,这个家庭的城镇部分可以安然无恙。而当城市里改朝换代或出现官员造成的祸害时,他们在乡下的老家却风平浪静。当发生内战或外族入侵时,双方阵营里都可以找到同一个家庭的成员,而各为其主。

作为族长,可以不介意牺牲一两个宗族成员,但关涉家族整体利益或声望,却断然不能让步。鼍龙固然是应孙猴子之请而抓了,但他八个哥哥的工作安排,西海龙王当与有力焉。小白龙因纵火烧了殿上明珠,而被亲父告忤逆一案,详情不明,背后或另有玄机(西海太子摩昂到黑水河,与唐僧师徒答礼,而竟独不与三弟对话,似更可见此事蹊跷)。《后西游记》中,孙小圣保唐半偈去西天取经书的真解,跑到东海龙宫去要一条龙变马,一向胆小怕事的老龙王便抵死不肯了:

> 龙王忙将要龙变马之事细说一遍。三龙王俱面面相

觑道:"这个实难从命。"小行者听见说实难从命,便不管好歹,扯着老龙王就往外走。慌得三龙王齐声劝道:"小圣来意不过是要一匹龙马,何必这等凌辱家兄,等我们商量一匹送你。"小行者道:"不是我凌辱他,是他自取凌辱耳。我来时再三求他,他只是不肯;若肯早说送我一匹,我去久矣,谁耐烦与他拉拉扯扯!"南海龙王对老龙王说道:"事到如此,吝惜不得了。"老龙王道:"哪个吝惜?若要宝贝,便送他些值什么。他要龙子龙孙去变马,岂不坏尽了龙宫的体面。"[1]

家族力量大了,对中央政策的推行,当然是一种妨害。官员到地方上,经常会发现如果没有本地士绅的配合,工作根本无法展开。鼍龙欺负黑水河神是极端的例子。小白龙吃了唐僧的马,猴子发飙,山神土地都过来说明情况,鹰愁涧水神反而没有露面。他跟龙王靠得最近,两头得罪不起,只好能躲

---

[1] 《后西游记》也算是很好玩的书。与原著比,少一种混涵博杂、无可不可的大气,但讽刺的尖锐有力,别有一种趣味和吸引力。如这次龙宫借马,竟是这样子结的:

敖钦道:"不消自家子孙去变,何不将伏羲时负河图出水的那匹龙马送了他吧。"老龙王听了欢喜道:"我倒忘了。这匹马只因有功圣门,不忍骑坐,白白的养了这几千年;今日,将他来救我性命,也可准折了。只是他是个开儒教的功臣,至今颂赞又明都指龙马负图为证据;今为我贪生怕死,将他去驮和尚,陷入异端,未免做个坏教的罪人。"西海龙王敖闰说道:"贤兄,你又来迂阔了!近日的文人墨士哪一个不磕头拜礼去奉承和尚?何况畜生!"敖钦、敖顺都赞道:"说得是。"

则躲。当年汉武帝派出刺史，对各郡太守进行廉政考评，而视察的重中之重，就是看他们是否和当地的豪强大族有所勾结，——可见此类问题的普遍与严重性。这一现象，可说贯穿古代史始终，直到土改运动彻底摧毁其经济基础，才告终结。

官家写的历史书，自有他的立场，对族权的评价，容或便过于负面。外国学者治中国史，则往往惊诧于古代中国政府只须使用一个极小的官员班子（即使中国史书认为是冗官冗吏充斥的时代），便能治理如此一个人口众多的庞大帝国。实则是小农社会，日常生活中如何解决或消化大大小小的问题，家族宗法发挥的作用，往往尤大于政府。

孔夫子说，判官司断案，我也不见得就比别人强些。一定要说我与别人有什么不同的话，那该是我能让人家不打官司罢[1]。矛盾总是有的，不打官司，无非是改由有权威的大家长出来摆平。为了小鼍龙抓走唐僧的事，行者找到西海龙王，本来嚷嚷着要"上奏天庭，问你个通同作怪，抢夺人口之罪"。但后来，却只是由摩昂太子把鼍龙带回西海了事。虽然有人怀疑，鼍龙在西海龙王那里是不是真的受到了处罚。但猴子这么处理，却可说是很符合圣人"无讼"的遗教。又如通天河并没

---

[1] 子曰："听讼，吾犹人也。必也，使无讼乎？"（《论语·颜渊》）

有玉帝委任的河神来进行领导[1],但如果不是有高层背景的灵感大王突然出现,当地水族的生活,显然称得上安居乐业。

故无大变故,官府的这个所谓"极小"的班子,对老百姓而言却仍属额外的负担。人民群众要唱"天上星多月不明,地上坑多路不平,河里鱼多搅浑水,世上官多不太平"之类的童谣的。

---

[1] 通天河也没有龙,但那老鼋(龙生九子中的赑屃的亲戚?)有个"水鼋之第",大约也可算小乡绅一流的人物。

和尚道士

一

《射雕英雄传》里,丘处机和焦木和尚发生了误会,江南七怪出来调停。七怪里的老大柯镇恶说道:

> 道长要是瞧得起我七兄弟,便让我们做做和事老。两位虽然和尚道士,所拜的菩萨不同,但总都是出家人,又都是武林一派,大家尽释前怨,一起来喝一杯如何?[1]

换作是一个穆斯林和一个基督徒要打起来,估计柯瞎子也还是这个话。通常说来,这种跟宗教信仰不怎么较真的态度,也算是中华民族的一大传统。

《西游记》里唐御弟玄奘法师,虽然佛法渊深(?),不会

---

1 见《射雕英雄传》第二回。

犯道士也拜菩萨之类的低级错误，但对释道两教的看法，也和市井中人柯镇恶差不多。在平顶山，他看见银角大王变化的全真道士，话是如此说的：

> 先生啊，你我都是一命之人，我是僧，你是道，衣冠虽别，修行之理则同。我不救你啊，就不是出家之辈。

清朝的时候，很传说过《西游记》是丘处机作的。当然这很明显是以讹传讹，但唐僧这态度，倒确也是全真道的精神。其创教祖师爷王重阳有诗云："释道从来是一家，两般形貌礼无差。"又云："儒门释户道相通，三教从来一祖风。"

二

当然，再是宗教情绪并非很强烈，完全的一团和气也是不可能的。不较真不是绝对的，一旦较起真来，也很恐怖的。

比如在车迟国，唐僧师徒就碰到了道士欺压和尚的局面。问起缘由，原来：

> 道士云："你不知道，因当年求雨之时，僧人在一边拜佛，道士在一边告斗，都请朝廷的粮饷；谁知那和尚不

中用，空念空经，不能济事。后来我师父一到，唤雨呼风，拔济了万民涂炭。却才恼了朝廷，说那和尚无用，拆了他的山门，毁了他的佛像，追了他的度牒，不放他回乡，御赐予我们家做活，就当小厮一般。我家里烧火的，也是他；扫地的，也是他，顶门的也是他。因为后边还有住房，未曾完备，着这和尚来拽砖瓦，拖木植，起盖房宇……"

行者又去问讯，僧人为什么不逃：

众僧道："老爷，走不脱！那仙长奏准君王，把我们画了影身图，四下里长川张挂。他这车迟国地界也宽，各府州县乡村店集之方，都有一张和尚图，上面是御笔亲题。若有官职的，拿得一个和尚，高升三级；无官职的，拿得一个和尚，就赏白银五十两，所以走不脱。——且莫说是和尚，就是剪鬃、秃子、毛稀的，都也难逃。四下里快手又多，缉事的又广，凭你怎么也是难脱。我们没奈何，只得在此苦捱。"

这，算是极写迫害之严重罢。"四下里快手又多，缉事的又广"几句，据说（比如文学史教材就有这么说的）还很容易

175

让人想起明代的厂卫制度特务统治。但和历史上著名的几次法难相比：如北魏太武帝的诏书，"佛图形象及胡经，尽皆击破焚烧，沙门无少长，悉坑之"[1]；如唐武宗会昌三年四月，"命杀天下摩尼师，剃发令著袈裟作沙门形而杀之"。[2]

车迟国的处置，也就算是小焉者也。历史的残酷性，常常更大于小说家的想象力。

三

从八卦杂志的角度看，车迟国的虎力大仙、鹿力大仙、羊力大仙三个妖道，倒是可以拿他们的性取向说事儿。——因为被行者打死的小道士，自称是他们"靠胸贴肉的徒弟"。但这无论按今天还是当时的眼光衡量，都不好算劣迹。——中国传统上，对同性恋是很宽容的，于出家人尤其如此。民间的看法，这连不守清规都恐怕算不上。《初刻拍案惊奇》卷二十六，"夺风情村妇捐躯"一篇里，作者凌蒙初发议论说：

> 看官，你道这些僧家受用了十方施主的东西，不忧吃，不忧穿，收拾了干净房室，精致被窝，眠在床里没事

---

[1] 见《魏书·释老志》。
[2] 见圆仁《入唐求法巡礼行记》。

得做,只想得是这件事体。虽然有个把行童解谗,俗语道"吃杀馒头当不得饭",亦且这些妇女们,偏要在寺里来烧香拜佛,时常在他们眼前,晃来晃去。看见了美貌的,叫他静夜里怎么不想?

这意思,显然是只要别对女人下手,你在寺院道观里干什么,别人倒也管不着。只不过,两个男人之间的性爱,常不大符合今日"耽美"[1]派女生的想象,倒仅只是异性恋得不到满足时的补偿措施,权宜之计,故所谓"吃杀馒头当不得饭"。所以凌蒙初似乎不相信还有唐僧这种人的存在,又引"不毒不秃,不秃不毒,转毒转秃,转秃转毒"的老话,对出家人的自制力,他是完全不抱信心的。

四

说起来,这三个妖怪变的道士,除了迫害僧人之外,似乎还真没干过什么坏事。

比赛求雨获胜,靠的也是业务素质。往后在车迟国这么些

---

[1] 转网上通行的解释:"耽美:出自日语,原意是指唯美主义,后经台湾演绎,变成BL(boy's love,男同性恋)的代称了,专指女作家写/画给女读者看的小说或漫画。其实在日本,JUNE才是BL的代称。"

年，利国利民的事想必做的不少。所以：

> 黄门官来奏："陛下，门外有许多乡老听宣。"国王道："有何事干？"即命宣来。宣至殿前，有三四十名乡老，朝上磕头道："万岁，今年一春无雨，但恐夏月干荒，特来启奏，请那位国师爷爷祈一场甘雨，普济黎民。"

瞧这样子，劳动人民真真是拿他们当大救星看待的。就是站在统治阶级的立场考虑，行者对车迟国王说的什么，"他本是成精的山兽，同心到此害你，因见气数还旺，不敢下手。若再过二年，你气数衰败，他就害了你性命，把你江山一股儿尽属他了。"也不见什么依据，想当然耳。

相反，道士死了，车迟国王放声大哭："人身难得果然难，不遇真传莫炼丹。空有驱神咒水术，却无延寿保生丸。"倒像是本来就知道道士是动物变的，但仍有感情的意思。

三清观大圣留名，行者骗三个老道士喝尿，结下了仇恨。有意思的是，第二天老道士跟皇帝奏明此事：

> 他……夜间闯进观来，把三清圣象毁坏，偷吃了御赐供养。我等被他蒙蔽了，只道是天尊下降；求些圣水金丹，进与陛下，指望延寿长生；不期他遗些小便，哄瞒我

等。我等各喝了一口，尝出滋味，正欲下手擒拿，他却走了。今日还在此间，正所谓"冤家路儿窄"也！

对喝尿的糗事，居然和盘托出。到底是动物变化的人形，和老于世故的人相比，简直可说朴直可爱。

五

虎力、鹿力、羊力三个，没有想吃唐僧肉的意思，大概是地位太低，不够资格和有大法力的妖精往来，所以连这样流行的新闻都没人跟他们说。

他们和行者斗法，连连落败，实力悬殊得连那"昏乱"的车迟国王都看出来了。但就是决不罢休，死磕到底，——卒以身殉！

究竟原因何在？唐僧一行，无非也就是要倒换关文上路而已。放他们走了就走了罢，你虽然暂时失了面子，但车迟国内毕竟再无人法力能和你们相比，以后不还可以照样做你呼风唤雨的国师？又能有多大的损失？

是为了信仰罢。行者师兄弟变作三清，三个道士信以为真。为什么这么容易上当？因为"我们虔心敬意，在此昼夜诵经，前后申文，又是朝廷名号"，他们相信这种发自内心的信仰该有足够的力量,"断然惊动天尊"。祈祷时,虎力为自己表功,又说什么"臣等兴教,仰望清虚。灭僧鄙俚,敬道光辉",他是真把消灭僧徒,当作道教的理想的一部分的。为了这个理想,牺牲生命也在所不惜。

自然,为了信仰而献身的,照例只能是他们这些"晚辈小仙"。他们不知道,两教的头面人物都高瞻远瞩,才不会这么固执拘泥,——"三清爷爷"和如来佛祖,早就在安天大会上把酒言欢了。

取其精华去其糟粕

吴承恩有点恶趣味,比如制造笑料的时候,常喜欢往人的排泄物上扯。车迟国,先把三清圣像丢进"五谷轮回"之所,"做个受臭气的天尊",又骗三个妖道喝尿,自然是最有名的。另外还很多。

一

行者和如来赌胜,一个筋斗是不是能翻出手掌心:

> 大圣行时,忽见有五根肉红柱子,撑着一股青气。他道:"此间乃尽头路了。这番回去,如来作证,灵霄殿定是我坐也。"又思量说:"且住!等我留下些记号,方好与如来说话。"拔下一根毫毛,吹口仙气,叫"变!"变作一管浓墨双毫笔,在那中间柱子上写一行大字云:"齐天大圣,到此一游。"写毕,收了毫毛。又不庄尊,却在第一

根柱子根下撒了一泡猴尿。翻转筋斗云,径回本处,站在如来掌:"我已去,今来了。你教玉帝让天宫与我。"

如来骂道:"我把你这个尿精猴子!你正好不曾离了我掌哩!"大圣道:"你是不知。我去到天尽头,见五根肉红柱,撑着一股青气,我留个记在那里,你敢和我同去看么?"如来道:"不消去,你只自低头看看。"那大圣睁圆火眼金睛,低头看时,原来佛祖右手中指写着"齐天大圣,到此一游"。大指丫里,还有些猴尿臊气……

如来也是真有闲心。打赌赢了就直接翻手掌压人罢,非还要等猴子一泡溺撒完,也不嫌腌臜。

二

孙悟空在朱紫国为国王治病,便叫猪八戒去取龙马尿入药:

行者道:"你不知就里,我那马不是凡马,他本是西海龙身。若得他肯去便溺,凭你何疾,服之即愈。但急不可得耳。"八戒闻言,真个去到马边。那马斜伏地下睡哩。呆子一顿脚踢起,衬在肚下,等了半会,全不见撒尿。他跑将来,对行者说:"哥啊,且莫去医皇帝,且快去医医马来。那亡人干结了,莫想尿得出一点儿!"行者笑道:"我和你去。"沙僧道:"我也去看看。"

　　三人都到马边,那马跳将起来,口吐人言,厉声高叫道:"师兄,你岂不知?我本是西海飞龙,因为犯了天条,观音菩萨救了我,将我锯了角,退了鳞,变作马,驮师父往西天取经,将功折罪。我若过水撒尿,水中游鱼食了成龙;过山撒尿,山中草头得味,变作灵芝,仙僮采去长寿;我怎肯在此尘俗之处轻抛却也?"行者道:"兄弟谨言。此间乃西方国王,非尘俗也,亦非轻抛弃也。常言道:'众毛攒裘。'要与本国之王治病哩。医得好时,大家光辉。不然,恐俱不得善离此地也。"那马才叫声"等着。"你看他往前扑了一扑,往后蹲了一蹲,咬得那满口牙龀支支的响喨,仅努出几点儿,将身立起。八戒道:"这个亡人!就是金汁子,再撒些儿也罢!"

这是极写龙马尿的奇妙珍贵。小白龙显然对自己尿颇为自得,不但为之口吐人言,甚至要"厉声高叫"一番才过瘾。不过也有弄巧反拙的地方,盖"往后蹲了一蹲,咬得那满口牙龀支支的响喨,仅努出几点儿",撒泡尿也要折腾得如此费劲,很像是得了花柳病的症候。

三

就是猪八戒的尿,也有单独出风头的时候。在比丘国,妖道国丈要拿唐僧的心做药引子:

> 行者道:"若要全命,师作徒,徒作师,方可保全。"三藏道:"你若救得我命,情愿与你做徒子、徒孙也。"行者道:"既如此,不必迟疑。"教:"八戒,快和些泥来。"那呆子即使钉钯,筑了些土,又不敢外面去取水,后就撅起衣服撒溺,和了一团臊泥,递与行者。行者没奈何,将泥扑作一片,往自家脸上一安,做下个猴象的脸子,叫唐僧站起休动,再莫言语,贴在唐僧脸上,念动真言,吹口仙气,叫"变!"那长老即变做个行者模样……

唐僧如何也就罢了,猪尿洗颜泥能在该死的弼马温脸上也抹过一遍,老猪只怕梦里也要笑出声来。

四

撒尿屙屎,与情色描写一类,都属下三路的题材。品位高雅的正人君子,自然不免不屑。——存身于古典名著,又不便彻底否定的，有时就要出来"取其精华，去其糟粕"。

说起存精华、去糟粕的传统来，倒也源远流长。从孔子删《诗》算起，——本来三千多首诗，给删成只剩"思无邪"的《诗三百》了。考据家基本都不信"删《诗》"乃是真事儿，但这个说法的影响，却确确实实是存在的。总之，是一两个忧国忧民远见卓识的大人物，觉得老百姓的智识比较可怜，这个那个的不宜给他们看，于是便出来禁掉删掉一些东西。

其实，排泄屎尿之类，倒也便是人吃饭之后，一个"取其精华，去其糟粕"的过程。当然前提是，饭得自己吃，屎得自己拉。

要是有人站出来说，你们都直接吸收精华罢，全世界的屎我一个人拉。——不知道大家会做何感想？

炼丹与添寿

一

先说一个人，太上大罗天仙紫极长生圣智昭灵统三元证应玉虚总掌五雷大真人玄都境万寿帝君。

这位帝君《西游记》里并未出现，也不是哪路神仙。不过很多研究者认为，孙悟空出八卦炉时把太上老君摔个一跤，猪八戒把三清神像丢进了茅坑，《西游记》里的道士形象大多不堪……总之，吴承恩对道门中人这么富于恶搞精神，和这位爷大有干系。

嘉靖皇帝佞道出了名，也给自己取了很多道号。上面这个啰里啰嗦的帝君名号，便是其中之一。

《西游记》里的君王，上至玉帝，下至西天路上许多蕞尔小邦的国君，身上似乎多少都有些这位万寿帝君的影子。最相似的，恐怕还要说是比丘国的国王。

道流之盛莫过于嘉靖，江西龙虎山上清宫道士邵元节，官

一路做到礼部尚书,另一位"真人"陶仲文,还顶着少师、少傅、少保等一堆荣誉性头衔。而比丘国的道士国丈登场:

> 那国丈到宝殿前,更不行礼,昂昂烈烈径到殿上。国王欠身道:"国丈仙踪,今喜早降。"

嘉靖的身体不好,三十岁时候便已"气血衰初,发须脱半,精神太减,大不如旧"[1]——比丘国王亮相时,也是"相貌尪羸,精神倦怠:举手处,揖让差池;开言时,声音断续"。

自然,身体不好,就要吃药进补。

二

《西游记》里头一号药剂师,当是道祖太上老君。"老道宫中,炼了些九转金丹",伺候玉帝做"丹元大会"用的,却不期被猴子闯入,把五葫芦金丹,"都倾出来,就都吃了,如吃炒豆相似"。

仙药难得。孙猴子看来"能值几个钱",张口就要上"一千丸,二千丸"的金丹,凡人也要想"吃他几丸尝新",便

---

[1] 严嵩《奉谕上东宫监国议》附圣谕。转引自张显清的《严嵩传》,黄山书社。

要冒生命危险。

做点名词解释。此类药物，所以名"丹"者，本来是因为炼药的原料乃是丹砂，也就是硫化汞。烧炼后，先是硫与汞（水银）分离，然后汞又和氧气发生反应，生成氧化汞，——氧化汞和硫化汞看起来相似，这就好像是由水银又变回丹砂了。

故这个过程，叫做"转"或者"还"，所以又有转丹、还丹之类的名目。《西游记》里出现的，如使乌鸡国王还阳的"九转还魂丹"；如镇元大仙的人参果，又名"草还丹"。

炼出来的丹药，药效须当如何检验？道教的炼丹术士那里，长生术和黄白术本不分家，拿这药去与铜、铁、铅等金属反应，如果能炼出金子来（实际当然只是看起来像黄金），那便是丹成，——金丹之名，便是如此得来。好比太上老君说，他的法宝金钢琢，乃是"锟钢抟炼"，又"将还丹点成"的。吃什么补什么，人将能点金的丹吃了，身体就也能有黄金的质地，故又谓之"金身不坏"。[1]

实际上这种玩意吃下去是何等反应，可想而知。嘉靖成天和道士们厮混，炼出丹来，自己却也不敢便吃，而是拿去给大臣试服。虽说这么搞是玩做臣子的命，但说起来倒是恩宠。所以首辅严嵩首当其冲，其结果是：

---

[1] 这段主要参考了金正耀的《道教与炼丹术论》（宗教文化出版社）和徐仪明的《外丹》（香港中华书局）。

> 臣去年八月，不过吃了五十粒丹药，便导致全身燥热异常，完全无法忍受。每天用滚开水浇洗两次，足足三个月，才得以止痒。到冬天又发为痔病，剧痛中泻下淤血两碗，体温才降了下来。[1]

这个看起来恐怖，相比下来却也算不得太严重的症候。《西游记》故事发生的唐代，太宗、宪宗、穆宗、敬宗、武宗、宣宗六个皇帝死于金丹；《西游记》作者生活的明代，吃丹药吃死的皇帝也非罕见，——其中包括"雄才大略"的明成祖永乐皇帝。但后来者痴心不改，吃还要吃，不过是药方有所调整，在比丘国：

> 国丈有海外秘方，甚能延寿，前者去十洲、三岛，采将药来，俱已完备。但只是药引子利害：单用着一千一百一十一个小儿的心肝，煎汤服药，服后有千年不老之功。

比丘国王也就真传旨把一千一百一十一个小孩放进鹅笼里预备摘心，倒也不奇。

---

[1] 严嵩《嘉靖奏对录》卷一〇《圣问服丹药》："臣昨岁八月服丹只五十粒，乃致遍身燥热异常，不可一忍。每日滚汤浇洗二次，足满三个月，其痒才息。至冬发为痔疾，痛下淤血二碗，其热始解。"转引自张显清《严嵩传》。

三

以人补人的心理，在明代登峰造极。自然，用以"补人"的人，不论男女，总以没有性经验的为宜。怎样拿少女的初潮炼"红铅"，童男的小便烧"秋石"，这些猴子跟菩提学艺的时候，选修课里也都有。妖精如通天河的灵感大王，并不到河边随便抓个人来吃，专要村民献上童男童女，修的同一门功课。据观音菩萨讲，这灵感大王本是她"莲花池里养大的金鱼，每日浮头听经，修成手段"，则菩萨平日都讲的是什么经，也就可疑。

嘉靖皇帝对拿人做延年药是热衷得很的。比如取初生婴儿"未啼时口中血"炼"含真饼子"，——比丘国王的做法，似乎便是此法的扩大化。又几次选十来岁的女孩子数百人入宫，也是只为炼药。嘉靖朝有个著名的"壬寅宫变"，几个宫女，受不了做装红铅的药罐子的苦楚，半夜里动手想把皇帝给勒死，可惜误把绳子打成死结，嘉靖才逃得一命。历来刺王杀驾的先进事迹虽多，这样由并无政治目的的宫女发动的，却也稀罕。大概，该算长生药的毒副作用罢。

嘉靖最终是吃方士的药，火发躁怒不禁而死。比丘国王则幸运得多，虽然小儿被行者救了，唐僧的心也没吃成，却得了寿星的三个枣儿，"渐觉身轻病退，后得长生者，皆原于此"。

四

这帮国王策划要吃一千一百一十一个小儿心肝的妖道国丈，乃是南极老寿星的白鹿。《西游记》中，有主子的妖怪历来不会被打死，世道的不公，本来也看得人有些麻木了。但这老寿星的怠懒，却还是让人觉得超出底线：

> 寿星笑道："前者，东华帝君过我荒山，我留坐着棋，一局未终，这孽畜走了。及客去寻他不见，我因屈指询算，知他走在此处，特来寻他，正遇着孙大圣施威。若果来迟，此畜休矣。"

他倒不说，若孙大圣来迟，千余小儿休矣。把给枣儿给昏乱的比丘国王吃，让他长生不老，更是莫名其妙，真应了窦娥唱的："作恶的享富贵反寿延，天地啊，你原是怕硬欺软，到如今也落个顺水推船。"

老寿星前面出过场，为人参果树的事，到五庄观替猴子向镇元大仙说情。大概就是为了这个，猴子对他没像跟老君那样嚷嚷："你这老官儿，着实无礼，纵放家属为邪，该问个钤束不严的罪名。"都是人际关系网中的动物，欠人家的情，猴子也就不好讲原则了。只说，"既是老弟之物，只教他现出本相来看看",就把白鹿给轻轻放过。

倒是猪八戒的态度好:

> 那八戒见了寿星,近前扯住,笑道:"你这肉头老儿,许久不见,还是这般脱洒,帽儿也不带个来。"遂把自家一个僧帽,扑的套在他头上,扑着手呵呵大笑道:"好!好!好!真是'加冠进禄'也!"那寿星将帽子掼了骂道:"你这个夯货,老大不知高低!"八戒道:"我不是夯货,你等真是奴才!"福星道:"你倒是个夯货,反敢骂人是奴才!"八戒又笑道:"既不是人家奴才,好道叫做'添寿'、'添福'、'添禄'?"

慧眼!慧眼!

老子化胡及其他

一

释道两教的头面人物，面子上基本是客客气气的，背后倒是常会玩点阴招。文殊菩萨派自己的狮子去把乌鸡国王推到井里，这狮子扮什么不好，非要变个全真道士的模样。

比较含蓄一点的较劲也有。金兜山的兕大王，使一个亮灼灼白森森的圈子，能套诸般宝物。猴子没辙，跑到西天去问如来佛祖，这妖怪是什么来历。如来明明晓得，妖是太上老君座下的青牛，圈子是老君的金钢套。偏不直说，反让十八罗汉"开宝库取十八粒'金丹砂'与悟空助力"。直到连金丹砂也给收了，才告诉猴子该去找道祖摆平，难怪猴子气得大骂，"可恨！可恨！如来却也闪赚老孙！当时就该对我说了，却不免教汝等远涉！"

其实，就是这青牛精下界为妖，也未必不出自太上老君的授意。猴子师兄弟三个刚把三清圣像丢进茅厕后不久，就逢着兕大王拦路，未免有点巧合。

金钢套这件道具，前面已曾出现过。猴子扯旗造反的时候，观音举荐二郎神捉拿，自己与众神仙在云头观战：

> 菩萨开口对老君说："贫僧所举二郎神如何？——果有神通，已把那大圣围困，只是未得擒拿。我如今助他一功，决拿住他也。"老君道："菩萨将甚兵器？怎能助他？"菩萨道："我将那净瓶杨柳抛下去，打那猴头；即不能打死，也打一跌，教二郎小圣，好去拿他。"老君道："你这瓶是个磁器，准打着他便好，如打不着他的头，或撞着他的铁棒，却不打碎了？你且莫动手，等我老君助他一功。"菩萨道："你有甚么兵器？"老君道："有，有，有。"捋起衣袖，左膊上，取下一个圈子，说道："这件兵器，乃锟钢抟炼的，被我将还丹点成，养就一身灵气，善能变化，水火不侵，又能套诸物；一名'金钢琢'，又名'金钢套'。当年过函关，化胡为佛，甚是亏他。早晚最可防身。等我丢下去打他一下。"

这场对话背后的玄机，网上已有若干个分析版本，不一一介绍。我的意见是，观音不自己出手，而举荐二郎神（还是仙家系统里的人），形式上是比较照顾对方的面子，而实质上却更大程度的显得要高你一筹。——还是你手上这副牌,我换个打法就把局面给扭转过来了,咱们的差距是大局观上的,死限。所以老君有点挂不住,怎么也得露上一手,于是就把金钢套给亮出来。尤其是,还重提"化胡为佛"的老话,这是提醒观音,老子(念轻声或者念上声皆可)当年可是比你阔多了。

二

司马迁写《老庄申韩列传》,关于老子的记述只三百多字,却几乎是句句模棱两可,走位飘忽。尤其是老子出函谷关后,"莫知其所终",更是留下了无穷的想象和创作空间。后来便有说法,说老子一路到了今日尼泊尔境内鲁明台镇旁边,即古印度的迦毗罗卫城,在那里点化了一个弟子叫释迦牟尼(或说派弟子关尹喜投胎化作释迦牟尼)。

索性多抄点书,汤用彤先生论初入中国时的佛教有云:

> 佛教在汉世,本视为道术之一种。其流行之教理行为,与当时中国黄老方技相通。其教因西域使臣商贾以及热诚传教之人,渐布中夏,流行于民间。上流社会,偶因好黄老之术,兼及浮屠,如楚王英、明帝及桓帝皆是也。至若文人学士,仅襄楷、张衡略为述及,而二人亦擅长阴

阳术数之言也。此外则无重视佛教者。[1]

这种情形，大概便是"老子化胡为佛"的说法产生的背景。起先佛教作为外来宗教，为了减少中国人接受的心理障碍，对此说大概也没怎么反驳。但等后来影响既大，声势已成，佛教界的人士便不干了。反击的办法，或者是证明《老子化胡经》是伪经，或者是自己也编了些《清净法行经》《造天地经》之类的书，说释迦牟尼成佛后，派弟子摩诃迦叶到中国来化为老子。

《西游记》里提到老子化胡，倒没说老迦叶和李老君有什么关系。单就这一点说，立场很像是站在道教一边。但挺佛贬道的证据，在小说里一样可以找到很多（也许是更多）。难怪历来评《西游记》的，有的说谈禅，有的说讲道，大家都可以发现自己想要的东西。

写小说的人，忌讳把结论明确拿出来，实际上心里常常也没有结论。而评论家多喜欢找结论，等而下之的乃至要搞解密，故彼此可说是天敌。大家开骂的事也常见，最著名的话如歌德的"理论是灰色的，而生命之树常青"；刻薄一点的如法国唯美派的戈蒂耶，就要说他这样的作家和我们这些写杂感的

---

[1] 汤用彤《汉魏两晋南北朝佛教史·第一分·第五章·总结》。

比，乃是"种马与骟马"的分别了。

所以比较有恶作剧心理的作者，就喜欢丢些评论家喜欢的言论放进小说里，看他们会不会不出所料的发出某种议论，从而没事偷着或公开乐（如米兰·昆德拉就津津乐道的交代过自己有此等劣迹）。老吴在《西游记》里放了那么多谈禅论道的歪诗，有时候，我疑心是不是他也有此等爱好。

当然，评论家也有对策。其一便是强调"作品大于作家"，管你本意如何，我撇开了评我的。极端点的，还嚷嚷着要"杀死作者"什么的。

三

老笑话，夫妻两个吵架。老婆说，我选择什么的时候，向来是认认真真的，而你却总是随随便便。丈夫回答：是啊，所以你是认真选择后才嫁给的我，而我却随随便便娶了你。

《西游记》第五十回，有一句话叫做"道化贤良释化愚"。我挺好奇的，不知道在辩论老君和佛陀究竟谁化谁的时候，这话有没有和尚引用过。

一边是火焰，一边是河水

一

女儿国国土广袤，但除了国都附近，大抵是人迹罕至的崇山峻岭，蛮荒之地。它西边的邻国是祭赛国，两国之间隔着一座火焰山，如果弄不到铁扇公主的扇子，根本无法通行。

往东去，要到车迟国地界，才又是人烟阜盛的所在。但这首先要渡过通天河。河边石碑有云："径过八百里，亘古少人行。"唐僧师徒在陈家庄，曾见：

> 三藏与一行人到了河边，勒马观看，真个那路口上有人行走。
>
> 三藏问道："施主，那些人上冰往那里去？"
>
> 陈老道："河那边乃西梁女国，这起人都是做买卖的。我这边百钱之物，到那边可值万钱；那边百钱之物，到这边亦可值万钱。利重本轻，所以人不顾生死而去。常年家

有五七人一船，或十数人一船，飘洋而过。见如今河道冻住，故舍命而步行也。"

则是两岸贸易的利润，竟高达百倍，倘使交通便利，断不至于如此。可以作为参考的是，《西游记》写作的年代，亦正是世界史上所谓地理大发现的时代，达·伽马的船队从印度带回香料、丝绸之类在西欧市场上出售，赚取暴利。以香料中最名贵的胡椒为例，1499年胡椒在卡里库特的市价，为每120磅3杜卡特，在威尼斯则为每120磅80杜卡特，亦不过二十六七倍的毛利而已。[1] 看来通天河虽只径过八百里，然而风波不测，尤甚于远洋贸易。故亘古以来，行人虽或许甚多，但达到彼岸者，必定极少也。

正是这样特殊的地理环境，使得西梁国始终保持着女性占绝对主体地位的特殊社会格局。不然，冷兵器时代，该国国防力量不免甚弱。而举国皆为女子，又必然极能引起别国或蛮族入侵的欲望。

二

然而，虽则水火阻隔，却也并非绝然不可逾越。何以女儿

---

[1] 张箭《地理大发现研究——15—17世纪》，商务印书馆。

国国王听说唐僧到来,竟至于说出,"我国中自混沌开辟之时,累代帝王,更不曾见个男人至此"的话来?

女儿国境内,显然是有男性的。解阳山距离女儿国都城不过数十里,那里的如意真仙,便是一"额下髯飘如烈火"糙老爷们儿。唐僧师徒别了女王,西去不远,遭遇了数十男性强盗的打劫,再往前,还有男女混居的村落。这段路并非十分难走,既然西梁女国对男性如此渴求,而对此竟全未发现,这其中究竟又有何蹊跷?

确实很蹊跷。唐僧一行一进女儿国都城:

> 那里人都是长裙短袄,粉面油头,不分老少,尽是妇女,正在两街上做买做卖,忽见他四众来时,一齐都鼓掌呵呵,整容欢笑道:"人种来了!人种来了!"

如果只是听说过而没见过,就是年纪到了去喝子母河水生孩子,多少代人根本不知道两性之间是怎么回事,似乎不该是这么个反应罢?

唐僧和八戒怀孕期间,老婆子的话,说得更是明白:

> 行者咄的一声道:"汝等女流之辈,敢伤那个?"老婆子笑道:"爷爷呀,还是你们有造化,来到我家!若到第

二家,你们也不得团圆了!"八戒哼哼的道:"不得团圆,是怎么的?"婆婆道:"我一家儿四五口,都是有几岁年纪的,把那风月事尽皆休了,故此不肯伤你。若还到第二家,老小众大,那年小之人,那个肯放过你去!就要与你交合。假如不从,就要害你性命,把你们身上肉,都割了去做香袋儿哩。"

她没有撒谎捏造的必要,这样的事,想必过去确实发生过。女儿国的迎阳驿,人员配置齐整,业务熟练,也不是个长年无事可干的样子。唐僧表明身份后:

> 那女官执笔写罢,下来叩头道:"老爷恕罪,下官乃迎阳驿驿丞,实不知上邦老爷,知当远接。"

老和尚是唐王钦派的御弟,如果不是这么个特殊身份呢?或者这件事,也就不用上达天听了罢。——女儿虽是水做的骨肉,但既然进了官场,也就变成泥浆了。瞒上不瞒下的作风,其理一也,坏事固然要掖着藏着,实在的好处,也一样别让上面知道。

看来,在西梁女国,男子虽是稀缺资源,但总还是一向不曾断货。只不过,可怜的女儿国王不知道而已。

十世元阳

一

人在伦理与性欲间受虐，被虐出快感来了，爱情也就诞生了。所以，无论伦理还是性欲，当它占着一边倒的优势的时候，供爱情活动的空间，也就很小了。

故女儿国的爱情，讲童话故事的电视剧里有，看原著，却基本不见影子。子母河边的老婆子对唐僧几个说："那年小之人，那个肯放过你去！就要与你交合。"这话还可以理解成已没有竞争力的老女人对小姑娘恶意中伤。等四众进了国都，满城一片"人种来了！人种来了！"欢笑尖叫声中，爱情这玩意儿在这里实在太奢侈的事实，也就呈现无遗。女儿国王倒是有走一遍伦理程序的意思，"着当驾太师作媒，迎阳驿丞主婚，先去驿中与御弟求亲"。但她的欲求有强大的国家机器做保障，不是这么个特殊地位，不可能能这样从容。

也难怪，一国中女子争夺几个男人，也不差似超女海选。

爱情要缠头夹脑，你推我就，小脾气小性子掺和着一惊一乍的神经质，讲不得效率的事。碰上直奔主题，干柴烈火——这也是一种"重剑无锋，大巧不工"罢——的对手，常常反而后果堪忧。

法国邮船白拉日隆子爵号上，美丽的女博士苏文纨小姐要摆布方鸿渐，自命当然已是俯就，不能不采取艳若桃李冷若冰霜的态度，让人家"卑逊地仰慕而后屈伏地求爱"。然而人家鲍小姐，只一句"方先生，你教我想起了我的fiance（未婚夫），你相貌和他像极了！"，便搞定了局面。

当然，事后可以骂"男人是用下半身思考的动物"，或"男人都不是好东西"。但这类话，也就在男女比例大体均衡，女人还有充分的在选择余地的时候，才能说来掷地有声。像西梁女国这种特别的地方。男人还真是"好东西"。

确实很"好"，也确实就是"东西"。死了割肉，还可以做香袋的。

二

不好说唐僧是用下半身思考的动物，但他却无疑是不停地在思考下半身。面对女儿国王的提亲，他的担忧的便是，"我怎肯丧元阳，败坏了佛家德行；走真精，坠落了本教人身？"

203

后来被母蝎子抓去,两人的对话:

> 女怪道:"御弟,你记得宁教花下死,做鬼也风流?"
> 唐僧道:"我的真阳为至宝,怎肯轻与你这粉骷髅。"

这蝎子精也是个直肠子,跟自己"风流"之后会死掉,居然连这都跟唐僧说。大概她还是做蝎子的逻辑,觉得雄性为了交配权,应该是不惜性命的。动物原形的本能保存得这样充分,后面只被大公鸡叫了两声就送了卿卿性命,也就是必然下场了。唐僧一路上经历的色诱不少,最没挑战性的大概就是蝎子这次。

总之,女儿国的经历,就是很单纯的精子保卫战,扯不上其他。

故这几回书对女人的敌意很强。被女人围观,说是"烟花围困苦难当";回目更干脆就叫《心猿定计脱烟花》。烟花照例是指妓女,则是修行者眼里,一切女人都是妓女。因为性诱惑还在,其他早感受不到了。猴子劝唐僧假装应允亲事,理由是:"你若使住法儿不允他,他便不肯倒换关文……一定要使出降魔荡怪的神通。你知我们的手脚又重,器械又凶,但动动手儿,这一国的人尽打杀了。他虽然阻当我等,却不是怪物妖精,还是一国人身。"叶昼批,"既是女人矣,缘何不是怪物妖精？"有点发挥，但也不算脱离原著。

三

禁欲思想大概不是国货。房中术什么的却可肯定汉朝就有了，借房事延年益寿的花头经倒多。既然不是学术书，这里不便抄太多赤裸裸的原材料，只挑比较斯文点的说说。《汉武故事》：霍去病微贱的时候，长陵女子神君的魂灵现形，要与霍"交接"。霍不肯，人家也没说什么。后来霍去病病重，汉武帝亲自为他去求神君，神君答：

> 霍将军精气少，寿命不长。吾尝欲以太一精补之，可得延年。霍将军不晓此意，遂见断绝；今疾必死，非可救也。

看看，一代名将霍去病之所以英年早逝，竟是因为年轻时太洁身自好的缘故。所以说人不风流枉少年哪。

印度的情形便很不同。禁欲的渊源，说起来比佛法还长久些。而当初佛教之所以会发生大乘、小乘的大分裂，和阳精走泄便大有干系。

佛教最初的说法，释迦牟尼本人成佛，他的那些大弟子们，则一个个修得了阿罗汉的果位。——后来的修行者，能取得的最高成就，也就是得个阿罗汉果了。直到佛陀入灭后百来年，有个叫大天的人出来，说他发现罗汉的修为有限。于是大家争吵：相信原有说法的，后来发展成小乘教；支持大天认为罗汉和佛之间还有其他职称的，就往大乘走了。大天提出五条证据，证明罗汉的局限性很大，即所谓"大天五事"。劈头第一个，就是阿罗汉仍不能摆脱情欲，在梦中会因为魔女引诱而遗精。

不过看各种佛本生故事（如来佛前世的故事），又似乎是佛虽强调禁欲，却也并不很严厉的禁止出轨。有时候诱惑明明很小（女信徒碰个手啊什么的），有时候甚至根本很难说是谁在勾引谁，——反正，出轨了，后来又改好了，也照样能弄个菩萨什么的。

难得素来以差不多精神著称的国人，在这个问题上却十分较真。禁欲思想拿过来，贯彻得变本加厉，一点小纰漏，就足以使前功尽弃。"元阳"这玩意儿的神乎其神，也就被塑造出来了。

唐僧本来学的小乘（不知道是否梦遗过），现在到西天去求大乘佛法，十世元阳也是一手很重要的物质准备。

四

《水浒传》里头，李逵斧劈罗真人，"望罗真人脑门上只一劈，早斫倒在云床上。李逵看时，流出白血来，笑道：'眼见得这贼是童男子身，颐养得元阳真气，不曾走泄，正没半点的红！'"

精液和脑浆都是白色的黏稠液体，古人隐隐觉得两者是一回事，所以研究出各种还精补脑的窍门。罗真人修为高，李逵劈开他的脑壳，看见的也就都是白的。

则唐僧的十世元阳都凝聚在脑门子上，该浓厚到什么地步啊！难怪他面对什么问题的时候，都是个一脑瓜糨子的样子。

附：
添加剂——古典的性诱惑

从小，琼瑶阿姨就试图告诉我们，死亡是爱情的最高境界。那个时候，她编织的还是一些哭哭啼啼的苦情戏。但即使是疯疯癫癫的小燕子出现以后，这个理念也并没有什么改变。爱情常常对抗不过生活，但死亡却并不是爱情的障碍。更多的时候你是选择了死亡也就成就了爱情，——不妨回想一下，殉情这个词曾经是多么流行。所以，在无数白话的和文言的小说里，都有美丽的女鬼扑面而来。死亡，常常是中国人性梦幻的开始。

什么样的东西可以幻化为诱惑男子的美女，中国人取材似乎一向颇为随便。在真相大白的时候，故事里的男人会发现，那个和他共度良宵的女人原来是一只狐狸。不必遗憾，这是最理想的结局了，因为她还可能是一头母猪，一条蛇，一只鳄鱼，甚至一把扫帚。我读过的一个最与浪漫为敌的故事里，那个女人原来竟然是一只赑屃，也就是那个在陵墓坛庙里面驮着石碑的乌龟一样的家伙。我记不得在这个故事的最后，男主人公是否死掉了。不过他即使侥幸活了下来，我想这件事给他造成的心理障碍，也很可能令他从此不举。在从古到今的各种故事里，人鬼之间的情节，往往就像是网友见面，美好的幻觉，然后是真相。在像《第一次亲密接触》那样的零距离体验的时候，这个故事可能美丽而感伤，但只要稍微加上一点旁观的冷静色彩，那些含情脉脉的对答，那些伤心欲绝的动作，就一定会充满了幽默的成分。所以看到朋友和网友见面后失落的表情，我常常就会给他讲一些这样的故事。通常，这可以让他觉得自己的运气还算不坏。

看多了建立在严格的解剖学基础之上的西方绘画，再看国画的写意风格，就很难给刺激出多少性幻想了。古代的春宫，也就是傻大姐所谓"妖精打架"的画面给人的刺激，可能还远远及不上现在坊间公开发行的日本漫画。但古代中国人却似乎很容易被此诱惑。宋人的笔记中有这样一个故事，一个书生无意中得到一幅美女的画像，从此，每天晚上画中的女子都会进入他的梦境。在梦里，他不能自已。第二天醒来，书生感到身体虚脱乏力，但奇怪的是，他的亵裤和被褥都是干燥的，而不像是《红楼梦》里正照风月鉴的贾瑞那样，胯下有"精湿的一滩"。你知道在中国古人的观念里，梦遗是一件多么可怕的事情。频繁的梦遗和关于死亡的神谕有同样的意义，它告示了你必死无疑。

于是这个书生很快形销骨立,含恨而终。在整理他的遗物的时候,和很多故事一样,有高人出现了。高人发现了画上的妖气,还有妖气里面弥漫的精液的气息。于是他把画轴劈开,发现那里面注满了白色的液体。

在后来的《聊斋志异》里也有类似的故事。只是女子入梦的情节改为书生的魂魄飘然入画,书生也没有死去,而是因老和尚一语点化而醒悟。蒲松龄的用笔要远为收敛和纯净,整个故事的色情意味大大减弱,但在结束的地方却终于还是透露出一点玄机:画中女子少女的双抓鬟变成了堕马髻。在著名的汉乐府《陌上桑》中,倾倒大众的美女罗敷就是梳的一个这样的发型。古人一直不曾找到一个恰当的词汇,来描述这种西域胡人发明的发型给人的感受。而对今天的我们而言,要用一个词来表达这一点则很容易,——那个词就是性感。

狮驼国的大鹏

一

猴子多次打入妖怪的洞里。很多时候，妖洞其实也就像人家的宅院，或者武将的营房，没什么恐怖景象。真正触目惊心的只有一次，就是狮驼岭，

> 骷髅若岭，骸骨如林。人头发躧成毡片，人皮肉烂作泥尘。人筋缠在树上，干焦晃亮如银。真个是尸山血海，果然腥臭难闻。东边小妖，将活人拿了剐肉；西下泼魔，把人肉鲜煮鲜烹。

这还只是行者所见。其实，更可怕的时代已经过去，狮驼岭的三个老魔，三魔大鹏金翅雕（又叫云程万里鹏）最是吃人成性。一个小妖跟猴子介绍说：

三大王不在这里住,他原住处离此西下有四百里远近。那厢有座城,唤做狮驼国。他五百年前吃了这城国王及文武官僚,满城大小男女也尽被他吃了干净,因此上夺了他的江山,如今尽是些妖怪。

大鹏吃人的这几百年,大概相当于从后汉末天下大乱,一直到"盛哉,太宗之烈也"(《新唐书·太宗本纪》里的话)的这一段。——这中间,实在不曾有几年能得消停。

二

从最基本的吃说起。那年月,"米斛万钱"之类,差不多是史书上最常出现的字眼,极端点的时候卖到过一斗米值黄金一斤。《西游记》里夸玉华城"真是五谷丰登之处",则提到"白米四钱一石,麻油八厘一斤"[1]。晋愍帝建兴二年,东方襄国大饥,肉一斤即值银一两,而黄狮精的小妖去买猪时,八口猪"银该十六两",则是二两银子已能买到一头猪。

当然,不能就这么简单的换算当时的粮、肉价格是明中叶的多少倍,但老百姓没法承受是明摆着。所以,"人相食"之

---

[1] 一石或一斛都是十斗。用明万历四年(1576年)的数据,一钱银子,折合成铜钱,根据铜钱质量大概是八十到一百二十文不等。(《续通考·钱币》)

类的情形，也就是常见的事了。

昏君暴君从来不是稀罕的物种，不过这个阶段上，出来得特别集中，也特别极端。后赵石虎，父子兄弟间固然是自相残杀，以至于屠戮殆尽，对老百姓就更没什么客气。只要一时兴起，什么庞大工程立刻上马。宫殿楼阁不必说，更打造上千辆猎车，圈定数千里的土地养禽兽作猎场。尤其异想天开的是，在邺城南边投石于漳河，想建一座飞桥，而"功费数千万亿，桥竟不成"。又"夺人妻女十万余口以实后宫"，——这过程里，她们的丈夫被杀的或自杀的，达三千余人——在这个海内人口极度耗减的年头里，一个地区性政权，后宫的人数竟创了纪录。石虎的儿子石邃也好看美女，不过看的方法比较特殊，头割下来用盘子盛好了来召开观摩会，至于身子，则送到厨房去加工处理。[1]

后人读史看到这里，往往只好感慨"残暴无人理"。问题是，这几百年里不是就出了一个石虎，单是在中国北方，就有苻生、赫连勃勃、高洋……等一串名字能和他比肩。

---

[1] 这篇里，关于石虎的内容基本依据《晋书·石季龙载记》。

三

会闹到这田地，民族矛盾是很大的原因。石虎是羯人，苻生氐人，赫连勃勃匈奴人，高洋虽然是汉人，但已完全鲜卑化。儿子喜欢念儒家的书，他便觉得不像自己生的。拿把刀吩咐，你去剁一个人头下来，我就承认你的接班人地位。——父子之间，朝堂之上，竟也讲起了投名状。

一般说来，统治阶级再残暴，他也不想一下子就折腾得以后没得玩儿了。尤其是，把青天覆盖下的农田都变成牧场，这样豪迈的蠢事，败家子就不会有兴趣，也非其想象力所及。相比而言，暴发户更容易不知道如何是好的烧钱。钱穆先生在《国史大纲》里谈到这段历史，说"诸胡虽染汉化，然蛮性难骤除，往往而发。最显见者曰淫酗，曰残忍"。又说，"盖浅化之民，性情暴戾，处粗野之生活中，尚堪放纵自适。一旦处复杂之人事，当柔靡之奉养，转使野性无所发抒，冲荡溃决，如得狂疾。"是很精准的心理分析。

《西游记》第八回"我佛造经传极乐，观音奉旨上长安"。盂兰盆会上，如来说，南赡部洲的东土世界，"贪淫乐祸，多杀多争，正所谓口舌凶场，是非恶海"。这么评价贞观年间的唐朝，不合适。但之前这几百年，也就是三魔大鹏大嚼狮驼国"满城大小男女"的时候，东土的汉人老百姓，看着汹涌而来的匈奴、鲜卑、羯、氐、羌等各部胡人，想必也一样觉得是吃人的大鹏从天而至，"如今尽是些妖怪"[1]。因此，常常倒很能赞同如来的说法。

故中土佛教的勃兴，也就在此时。灾难深重，所处身的社会看不到出路，自然就需要彼岸世界的拯救了。

四

在这个时代，毫无安全感是所有人共同的体验，被杀者如此，杀人者也一样如此。石虎的屠杀，状若癫狂，可是他偶尔也会心头一软。屠戮又一个儿子及其姬妾子女的时候，一向疼爱的小孙子牵住他的袍襟，石虎也不禁考虑是不是放过这个孩子。然而杀红了眼的大臣们已非任何人所能控制，他们从石虎的怀抱中将小孩抢了出去，"儿挽虎衣大叫，至于绝带"[2]。

一个又一个儿子背叛，然后一个又一个的被自己处决掉，这时石虎发过这样一声感慨，"我要用三斛纯净的草灰来清洗我的脏腑，为什么总是生下这样凶恶的儿子，一到二十岁就要

---

[1] 当然，运用今天民族大团结的眼光，这个态度的是非，颇有可议。——细究起来，还不能不提当年汉人官民对少数民族的压迫凌辱问题。但当时的生死关头，一般人的感受恐怕是只能如此。
[2] "至于绝带"（竟至于把衣带拉断了）这个细节，不见于《晋书》，是《资治通鉴》里的。

谋杀他的父亲。"

如此的紧张与幻灭感之下，石虎这样一个杀人狂魔竟然笃信佛教，对所谓佛图澄者礼敬不已，也没就没什么好惊讶了。

同样的道理，最爱吃人的大鹏，竟然是如来的舅舅，真是不奇怪的。何况：

> 如来道："你在此处多生孽障，跟我去，有进益之功。"妖精道："你那里持斋把素，极贫极苦；我这里吃人肉，受用无穷！你若饿坏了我，你有罪愆。"如来道："我管四大部洲，无数众生瞻仰，凡做好事，我教他先祭汝口。"那大鹏欲脱难脱，要走怎走？是以没奈何，只得皈依。

如来说的是软和话，全没当年跟猴子对答时居高临下的派头。尤其是许诺的好处，措辞很有些暧昧。以后，他到底给没给大鹏吃人肉呢？

不知道。但石虎"皈依"之后，并没有放下屠刀，倒是肯定的。

五

大鹏金翅雕是人气很高的妖怪，很多人都认为他的本领，更在猴子之上。其实,单论贴身肉搏,大鹏跟猴子不见得有什么优势。他加上青狮、白象,与猴子师兄弟三挑三,也曾厮杀良久。把八戒、沙僧两个"放屁添风"的拿下了之后,才逼得猴子不得不逃。没有什么迹象能表明他肉搏能力比猴子强,但关键处是,他在猴子的最长项上,克住了猴子:

行者见两个兄弟遭擒,他自家独力难撑,正是好手不敌双拳,双拳难敌四手。他喊一声,把棍子隔开三个妖魔的兵器,纵筋斗驾云走了。三怪见行者驾筋斗时,即抖抖身,现了本象,扇开两翅,赶上大圣。你道他怎能赶上?当时如行者闹天宫,十万天兵也拿他不住者,以他会驾筋斗云,一去有十万八千里路,所以诸神不能赶上。这妖精搧一翅就有九万里,两搧就赶过了,所以被他一把挝住,拿在手中,左右挣挫不得。

抟扶摇而上者九万里,其翼若垂天之云,两扇就盖过筋斗云,这威势,真仿佛蒙古骑兵的"来如天坠,去如电逝"。就是肉搏并不胜过猴子又怎么样?你猴子被太上老君放在八卦炉中炼了四十九天,铜头铁背抗击打能力超高又怎么样?蒙古骑兵硬碰硬,也胜不得欧洲的重装骑兵,可凭着机动性和灵活的战法,还不照样横扫欧亚大陆?

说到蒙古人,前面提到那些位杀人的本事,又不免小巫见大巫了。"人民杀戮几尽,其存者以户口计,千百不一余",

"兵荒之后,遗黎无几"之类文学性的话可以不管。看户口统计数,1235年窝阔台户籍清理的结果是一百万四千六百五十六户,较之金泰和七年(1207)的八百四十一万三千一百六十四户,不到三十年的时间里,汉地人口损失了约88%[1],接近四千万人,相当于一百多次南京大屠杀。

蒙元政府也很快接受了佛教信仰,忽必烈于"万机之暇,自持数珠,课诵、施食"。尤其是喇嘛教的上层,实际上成了元代的一个特殊阶层。"凡民殴西僧者,截其手;骂之者,断其舌"[2],内宫丑闻,也往往和密宗修炼的法门相纠缠。呜呼!最爱吃人的大鹏,竟然是如来的舅舅,真真是不奇怪的!

六

《西游记》里法宝很多。籍没抄家类的如金钢圈,专收人的宝物;下狱榜掠类的最多,如太上老君的红葫芦和玉净瓶,如弥勒佛的金钹和人种袋,大鹏的阴阳二气瓶也是,——而且最厉害。

猴子被葫芦、金钹、搭包装了,只是没法出去,并没有生命危险,乃至都没有太强的不适感。但在阴阳二气瓶里被整得

---

[1] 这里转引的是白寿彝《中国通史》第十三卷的结论。
[2] 《元史·释老传》。

"却孤拐上有些疼痛,急伸手摸摸,却被火烧软了,自己心焦道:'怎么好?孤拐烧软了!弄做个残疾之人了!'"

这瓶儿的厉害处,是不许人说话:

> 咦!大圣原来不知那宝贝根由:假若装了人,一年不语,一年荫凉,但闻得人言,就有火来烧了。

祸从口出,竟至于此。看张大胡子的《神雕侠侣》,别的全没印象,就记得原著上但凡出现"驱逐鞑虏"字样的地方,电视上全变成了"驱逐他们"。今天的民族友好,竟能映射到如此深远过去。有人说,还好还好,郭靖的儿子郭破虏,还没被改名叫"郭破他们"。

七

到狮驼国时:

> 大圣举铁棒,离轿仅有一里之遥,见城池把他吓了一跌,挣挫不起。你道他只这般大胆,如何见此着唬,原来望见那城中有许多恶气,乃是:
> 攒攒簇簇妖魔怪,四门都是狼精灵。

>斑斓老虎为都管，白面雄彪作总兵。
>
>丫叉角鹿传文引，伶俐狐狸当道行。
>
>千尺大蟒围城走，万丈长蛇占路程。
>
>楼下苍狼呼令使，台前花豹作人声。
>
>摇旗擂鼓皆妖怪，巡更坐铺尽山精。
>
>狡兔开门弄买卖，野猪挑担干营生。
>
>先年原是天朝国，如今翻作虎狼城。

孙大圣陷身危机之中，只见恐怖，注意不到其他。我倒更留意"狡兔开门弄买卖，野猪挑担干营生"几句，妖怪也在尝试经营人类的行业。其余描述政治体制的，也都不再是妖怪的弄法，学人样呢。

妖魔法力再强大，毕竟只是破坏力。占了人类的国度，要维持下去，只能慢慢照样把人生产、管理的办法一点点重新建立起来。不然吃光了人后，他自己也活不下去。

小妖

一

第七十回"妖魔宝放烟沙火,悟空计盗紫金铃":

> 只听得那妖精敲着锣,绪绪聒聒的自念自诵道:"……我大王因此发怒,要与他国争持,教我去下甚么战书。这一去,那国王不战则可,战必不利。我大王使烟火飞沙,那国王君臣百姓等,莫想一个得活。那时我等占了他的城池,大王称帝,我等称臣,虽然也有个大小官爵,只是天理难容也!"

虽然法力远胜,但妖面对人,还是不免自己先有低一等的感觉。所以才会觉得占据人间国度,乃是"天理难容"。入主中原的蛮族,类似的心态也有。前赵的靳准之乱,就出来这样的话,"自古无胡人为天子者",不如把玉玺还给晋朝。

这个心态,造成的后果常常并不好。一个是觉得天下到底不是自己的，所以可着劲儿的糟蹋；一个是由于自卑会格外敏感，一个小玩笑就可能导致反应过度，酿成大屠杀。

二

现在流行的神魔、奇幻类作品，常见人族、妖族之类名称。好人不尽好，坏人不尽坏，也差不多是共识了罢，所以这些小说里，往往也就做到了不以人族的是非为是非，也为妖族的各种作为寻求合理性。并尤其很强调，人族对妖族亦有暴行。

嗯，就是《西游记》里，暴行也不少，小妖们常常也是很可怜。

老妖真被打死的不多，小妖却基本被种族灭绝。包括像上面提到那位，明明对人类很有负疚感和同情心，猴子一样没客气，"掣出棒，复转身，望小妖脑后一下，可怜就打得头烂血流浆迸出，皮开颈折命倾之！"

更有甚者，精细鬼、伶利虫、小钻风之类小妖怪们，性格倒常显得顽皮好玩，好比林庚先生的《西游记漫话》，就认为他们都是反映的儿童的形象。——但，比较多些孩子气的纯朴可爱，也恰是那些好杀成性的民族，没有拿起屠刀时的特点吧？——当然，林老先生是反对以严密的逻辑思维看待《西游记》的，不然推论下来，孙悟空扫荡各洞小妖，就成了虐杀儿童了。

不好说。不可说。

西天取经之事件簿

《西游记》故事，一开始是猴子出世，一直到大闹天宫，七回书的篇幅。公认最精彩的部分，大家自然也最熟悉。

之后的第八到第十二回。观音到长安城去寻找取经人。过渡段，写得疏散而微妙。

从第十三回开始是西天取经的经历。一路上故事很多，有些妇孺皆知，有些则完全没有名气，甚至究竟有多少个故事也是人言人殊。下面略作整理，只是一般性介绍。所谓看点者，指一目了然的热闹有趣的关目，或应属作者有意安排的微言大义。借题发挥的东西，一般不在这里说起。

熟悉原著的，这篇可以略过不看。

故事一：唐僧离长安后遇妖，为太白金星所救。（第十三回）
妖怪（或歹人）：寅将军、特处士、熊山君
友情客串：太白金星
看点：过场戏，主要是为了让唐僧对西天取经是怎么回事儿有个感性认识。唐僧第一次看见妖怪，尤其是看见妖怪怎么吃人，应该会受到比较强烈的震撼。

这时唐僧还没有保驾的，所以太白金星出来打个替补。

故事二：唐僧经过五行山，救行者脱困，并收为大徒弟（第十三、十四回）

妖怪（或歹人）：唵、嘛、呢、叭、咪、吽（如果算的话）

友情客串：刘伯钦（两界山猎户）

看点：1.唐僧和猴子的第一次亲密接触；

2.猴子刚脱困时各种情绪释放的表现。

故事三：猴子打死六个强盗，被唐僧抱怨几句后"老子不干了"，但到龙宫里做客时，听了龙王的劝，"大圣，你若不保唐僧，不尽勤劳，不受教诲，到底是个妖仙，休想得成正果。"还是决定回去。而观音和唐僧已经设好了局，骗他把紧箍戴在头上。（第十四回）

妖怪（或歹人）：六贼

友情客串：龙王、观音

看点：行者打死的六个强盗，分别叫做眼看喜、耳听怒、鼻嗅爱、舌尝思、意见欲、身本忧。显然有象征意味。

唐、孙的性格冲突，初次显露。

故事四：蛇盘山鹰愁涧，小白龙吃了唐僧的白马。行者找小龙算账没有结果，后观音出面，收小龙做了唐僧的坐骑。（第十五回）

妖怪：小白龙

友情客串：观音

看点：取经路上，猴子第一次和观音姐姐照面。

故事五：行者显摆唐僧的锦襕袈裟，先惹得观音禅院的老和尚红眼，后又引来了一个黑熊怪。老和尚是偷鸡不成，反误了自家性命，黑熊却把袈裟盗走。行者过去几度试图夺回不成，便请来观音菩萨，收服了熊罴。（第十六、十七回）

妖怪（或歹人）：金池长老、熊罴怪

友情客串：广目天王、观音

看点：随便来一只黑熊就跟猴子打个半天平手，挺让人不好接受的。——但，这是以后必须常常面对的现实。

故事六：高老庄收八戒。行者替高太公赶走他的妖怪女婿，结果为唐僧得了个二徒弟。（第十八、十九回）

妖怪：猪八戒

友情客串：无

看点：太多了……

个人比较好奇的是，猴子后来不知道有没有后悔过。路遇高才有很大的偶然性，不是猴子主动提出要捉妖，高老庄没准过去也就过去了，也就不会有八戒这么个老爱打他小报告，撺掇师父念紧箍咒的师弟了。

故事七：过黄风岭。唐僧被黄风怪抓去。行者去救师父，又为妖风所败。后得太白金星指点，找灵吉菩萨降服了妖怪。（第二十、二十一回）

妖怪：黄风怪

友情客串：灵吉菩萨

看点：这个故事本身不算太精彩。不过很多西游记故事的套路，倒是都包含在里面了，后面踵事增华而已。

猴子对妖怪的第一次败绩。

故事八：过流沙河，收沙僧为徒弟。（第二十二回）

妖怪：沙僧

友情客串：木叉

看点：流沙河底，猪八戒和沙僧交手，各有长篇韵语介绍自己的身世，以及手中的兵器。

故事九：为考验唐僧师徒取经之心是否虔诚，观音联络了

另外几个菩萨变作母女四人,以财色引诱"试禅心"。结果是只有八戒"色情未泯"。(第二十三回)

妖怪(或歹人):众菩萨(?)

友情客串:黎山老母、观音、普贤、文殊

看点:八戒既急于入赘做女婿,又千方百计掩饰,情态如见。菩萨们安排这么一回考试的心态也很令人好奇:道貌岸然的生活太乏味了,这样名正言顺的满足下易装癖的爱好么?

故事十:师徒四人途经万寿山五庄观,猴子师兄弟几个偷吃了镇元大仙的人参果,被发现后猴子变本加厉,干脆把果树整个推倒。镇元大仙拿住唐僧,逼猴子四处求医。海外三山的道教神仙无能为力,最后猴子请来观世音菩萨,救活了人参果树。(第二十四回到第二十六回)

妖怪(或歹人):无

友情客串:镇元大仙、观音菩萨、福禄寿三星

看点:镇元大仙是地仙之祖,法力明显高于猴子。但即使把猴子抓住,拿猴子也没什么办法。看来猴子真正的特长,还是在于偷和逃。

"猪八戒吃人参果",已成典故了;一些佛道之争的内容,亦可玩味。

故事十一：过白虎岭，尸魔三次变化来欺骗唐僧，均被猴子识破。最终尸魔被猴子打死，但唐僧认为猴子滥杀无辜，将之放逐。（第二十七回）

妖怪（或歹人）：尸魔（白骨精）

友情客串：无

看点：唐僧、行者、八戒之间的微妙关系。

故事十二：过宝象国，八戒、沙僧不自量力向黄袍怪挑衅。沙僧被黄袍怪抓去，唐僧被变作了老虎关在笼子里，小白龙刺杀黄袍怪不成反被打伤了腿。八戒至花果山请行者出山制服黄袍怪，猴王重保唐僧。（第二十八到第三十一回）

妖怪（或歹人）：黄袍怪

友情客串：无

看点：黄袍怪的家庭生活。

三打白骨精猴子被放逐，一半是猪挑拨的后果，现在偏要八戒去请猴子，极妙。

小白龙跟随唐僧后，这是唯一的一次出手。其他大多数时候，他就像一匹普通马一样，妖怪来抓唐僧他都不管。

故事十三：平顶山莲花洞，太上老君的两个童儿下界为妖要吃唐僧。行者腾挪变化骗得了妖怪的宝贝，将之制服。

太上老君到场，将妖怪和法宝都收回上天。（第三十二到第三十五回）

妖怪（或歹人）：金角大王、银角大王、九尾狐老干娘、狐阿七大王

友情客串：哪吒三太子、太上老君

看点：八戒探山时闹的笑话；行者偷、骗妖怪宝贝过程中所耍的花样。尤其是拉哪吒配合，遮住日月光辉号称是装天，叶昼批："何物文人，奇幻至此。"

最后太上老君出场，说起童儿缘何下界为妖："不干我事，不可错怪了人。此乃海上菩萨问我借了三次，送他在此托化妖魔，看你师徒可有真心往西去也。"则二童乃是官派。与前面多处描写似不符，故颇提供想象空间。

故事十四：唐僧师徒在乌鸡国宝林禅寺借宿，半夜里乌鸡国王的冤魂出现找唐僧诉苦，说一全真道士将自己推到井里淹死，又变成自己的模样在乌鸡国称王。行者救活国王，帮他夺回了王位。（第三十六到第三十九回）

妖怪（或歹人）：青狮精

友情客串：文殊菩萨

看点：宝林禅寺僧官的势利眼。救国王活命的过程里，猴猪的对手戏。

这是第一次碰到天上神佛的坐骑下界为妖的情况。

故事十五：红孩儿变小孩引起唐僧的同情心，从而钻空子捉走唐僧。猴子欲救唐僧而被红孩儿的三昧真火所败，后请来南海观世音菩萨，收服红孩儿，救出师父。（第四十到四十二回）

妖怪（或歹人）：红孩儿

友情客串：龙王、观音

看点：红孩儿是牛魔王的儿子。《西游记》唯一一个系列故事的第一环。

猴子去南海请观音，两个人有长篇对话，内容很近于调情。

故事十六：黑水河鼍龙抓走唐僧，猴子查明其是西海龙王的外甥，喊来西海太子摩昂抓走鼍龙。（第四十三回）

妖怪（或歹人）：鼍龙

友情客串：西海龙王、西海太子摩昂

看点：本回较平淡。

故事十七：车迟国国王崇道灭僧。行者与车迟国三个国师斗法，大获全胜。（第四十四到第四十六回）

妖怪（或歹人）：虎力大仙、鹿力大仙、羊力大仙

友情客串：风婆婆、推云童子、巽二郎、雷公、电母、四海龙王等降雨小组成员

看点：三清观骗道士喝尿的情节极好玩，斗法的过程也妙趣横生。最后行者对车迟国王说，"望你把三教归一，也敬僧，也敬道，也养育人才，我保你江山永固。"被认为颇能反映作者本人的观点。

故事十八：通天河的灵感大王每年要吃童男童女，行者、八戒仗义相救。后灵感大王作冰雪冻住河面，唐僧急于赶路想踏冰过河，被灵感捉去。原来灵感大王乃是观音菩萨"莲花池里养大的金鱼，每日浮头听经，修成手段"。行者搬请来观音，收了金鱼。（第四十七到第四十九回）

妖怪（或歹人）：灵感大王

友情客串：观音菩萨

看点：通天河至西天五万四千里，路走了一半。小说至此，也写了一半。同时，照应大结局。

四众踏冰而行一段，如画。

菩萨收了灵感，显鱼篮观音像。陈家庄一庄"老幼男女，都向河边，也不顾泥水，都跪在里面，磕头礼拜"。灵感本就是观音身边的人，这些年吃了庄里这许多孩子，大家好像全不记得了。如此善良而善忘的百姓，真让人有些无语了。

故事十九：行者去化斋时，唐僧、八戒、沙僧被金兜山的独角兕大王拿去。行者赶回营救，但兕大王有法宝金钢圈，竟连行者的金箍棒也收了去。行者虽搬来各路救兵，但其法宝都为金钢圈所收。最后佛祖暗示兕大王乃是太上老君的青牛，于是行者请来老君，收了青牛。（第五十到第五十二回）

妖怪（或歹人）：兕大王

友情客串：托塔李天王父子、火德星君、黄河水伯、如来、十八罗汉、太上老君

看点：这个故事的主题似乎是偷：行者化斋偷饭，八戒怕冷偷衣服穿；众神仙的宝贝被金钢圈收去，行者又去偷回；而青牛精的金钢圈，也是偷的老君的。

前面道士窝囊狠了，这回疑似老君要露一手，让和尚们知道知道厉害。

故事二十：过女儿国。先是唐僧、八戒喝了子母河的水怀孕，幸得行者去解阳山破儿洞落胎泉取来泉水，解了胎气。后至女儿国都，女儿国王要招唐僧为夫。行者要唐僧假意答应，骗国王倒换了关文。正要上路时，蝎子精出现抓走唐僧。行者、八戒不是蝎子精对手，幸得观音菩萨指点，请来昴日星官，制服蝎子精。（第五十三到第五十五回）

妖怪（或歹人）：如意真仙、蝎子精、女儿国中所有女人（？）

友情客串：观音、昴日星官

看点：唐僧八戒怀孕，女儿国王招亲，斗蝎子精，三个故事基本独立，也可以分开算。一国中无男子，喝泉水怀孕，都是很奇幻的想头。

在女儿国，八戒的吃有很精彩的表现。食色性也，一种欲望不得满足，也可转化成另一种。

故事二十一：行者杀死一干强盗，再次被放逐，六耳猕猴乘虚而入。各路神仙都无法辨识真假美猴王，最后闹到如来佛祖那里，才辨明了真假。行者打死六耳猕猴，重回取经队伍。（第五十六到第五十八回）

妖怪（或歹人）：六耳猕猴

友情客串：观音、托塔李天王、地藏王菩萨及其宠物谛听、如来

看点：六耳刚出现的时候，作者并不言明这猴王是假，而是一步步揭开有假真两个猴王的谜底，这个手法，在旧小说里比较罕见。

小说回目中有"二心之争"的字样，如来又对诸天神佛说，"汝等俱是一心，且看二心竞斗而来也。"则六耳虽是一有实体的猴子，但作者设计这一情节，却确实有一个类似王阳明"破山中贼易，破心中贼难"的思路在。当然，也很容易和现

代心理学本我、超我之类的理论联系上。

故事二十二：过火焰山，三调芭蕉扇（第五十九到第六十一回）

妖怪（或歹人）：牛魔王、铁扇公主、玉面狐狸

友情客串：火焰山土地、四大金刚、李天王父子

看点：太多也太有名。兹不赘。

故事二十三：祭赛国金光寺佛宝舍利被盗，金光寺僧人蒙冤受罚。唐僧、行者深夜扫塔，查明盗宝者乃碧波潭老龙的女婿九头驸马。行者乃与八戒往碧波潭，又得二郎神之助，夺回了佛宝。（第六十二、六十三回）

妖怪（或歹人）：碧波潭老龙王、九头虫

友情客串：二郎神

看点：故事本身较平淡。唯曾制服猴子的二郎显圣真君忽又出现，且与猴子化敌为友，使人精神一振。

这两回书中八戒的表现极威猛。两度独闯龙宫，几乎是斩颜良诛文丑的威风。

故事二十四：荆棘岭的几棵老树成精，先与唐僧大联其诗，然后又要其与杏仙成婚。八戒赶至，将这些树尽皆筑倒。

（第六十四回）

妖怪（或歹人）：十八公（松树），孤直公（柏树），凌空子（桧树），拂云叟（竹竿），赤身鬼（枫树），杏仙（杏树），女童（丹桂、腊梅）

友情客串：无

看点：

1. 开辟荆棘，八戒的积极性很高，师父叫歇都不肯。干农活的时候，八戒其实并不懒；

2. 十八公、孤直公、凌空子、拂云叟几个和唐僧"一伙歪诗"，彼此吹捧的热情则很高，很能体现文人小团体的特色。

要和唐僧结亲的是杏树。李渔在《闲情偶寄》中说，"树性喜淫者，莫过于杏"。并称他做过实验，把处女的裙子挂在树上，不结果的杏树也就会结果了。

故事二十五：唐僧师徒误入小雷音寺，被黄眉老祖所擒。行者设法脱困后，多方搬请救兵，始终逃不脱黄眉的一个搭包。后弥勒佛赶到，收服黄眉。（第六十五到第六十六回）

妖怪（或歹人）：黄眉老祖

友情客串：荡魔天尊手下神将若干；国师王菩萨手下神将若干；弥勒佛

看点：居然如来佛祖也有人敢假扮。——而扮演者的主子，恰是佛门的法定继承人。不免使人心生疑窦。

故事二十六：七绝岭多年的烂柿子累积，竟将道路填满，变作一条"稀屎衕"。此地又有蟒蛇作怪。行者除去巨蟒，八戒现原身，拱开道路。（第六十七回）

妖怪（或歹人）：蛇妖

友情客串：无

看点：超级大猪

故事二十七：麒麟山獬豸洞的赛太岁抢走了朱紫国王的金圣皇后，朱紫国王乃得了相思病。行者治好了国王之病，又往麒麟山，在金圣皇后的帮助下偷走妖精的法宝，制服赛太岁。观音菩萨赶至，原来赛太岁是其坐骑金毛犼。（第六十八到第七十一回）

妖怪（或歹人）：赛太岁

友情客串：观音菩萨

看点：行者治病的经过，令人喷饭。

赛太岁和金圣宫一起探讨《百家姓》《千字文》。

故事二十八：师徒一行经过盘丝洞，唐僧化斋时为七个蜘蛛精抓去。行者等救出唐僧，蜘蛛精寻自己的师兄百眼道人相

助。行者得黎山老母指点，请来毗蓝婆菩萨，降服妖怪。（第七十二、七十三回）

妖怪（或歹人）：蜘蛛精、百眼魔君

友情客串：黎山老母、毗蓝婆菩萨

看点：故事较平常。此则名声如此之大，显然是因为有女妖精洗澡的裸露镜头。

故事二十九：师徒四人过狮驼岭，三个妖精合伙要吃唐僧。行者与三个魔头斗智斗力，终于不敌，又误以为唐僧已被妖精吃了，乃至西天请如来佛祖为自己解除紧箍咒。如来与文殊、普贤二菩萨亲至狮驼岭，制服妖魔，救出唐僧。（第七十四到七十七回）

妖怪（或歹人）：青狮、白象、大鹏

友情客串：太白金星、如来、文殊、普贤

看点：西天路上最炽烈的战斗。妖魔竟把一国人都吃光了，势力之大前所未有。如来唯一亲自出手降妖，而妖怪竟喊出了"我们一齐上前，使枪刀搠倒如来，夺他那雷音宝刹！"的口号，气概野心，尤甚于大闹天宫时的"皇帝轮流坐，明年到我家"。

问清三魔大鹏的身份后，行者笑道："如来，若这般比论，你还是妖精的外甥哩。"

故事三十：比丘国王听信妖道之言，要将一千一百一十一个小儿之心作药。行者揭穿妖魔的身份，救了小儿。（第七十八、七十九回）

妖怪（或歹人）：白鹿（比丘国国丈）、狐狸（比丘国美后）

友情客串：寿星

看点：

1. 可取明代嘉靖朝的史实与此回对照阅读；
2. 唐僧对行者叫："情愿与你做徒子徒孙也。"

故事三十一：金鼻白毛老鼠精假扮落难女子骗了唐僧，随取经队伍而行，钻空子将唐僧抓入自己的无底洞府，要与之结亲盗取元阳。猴子几次下洞救师父未果，但发现妖精乃是托塔天王李靖的女儿。乃上天请来天王父子，收服了妖怪。（第八十到八十三回）

妖怪（或歹人）：金鼻白毛老鼠精

友情客串：托塔天王李靖、哪吒三太子、太白金星

看点：

1. 行者要告天王"纵女氏成精害众"，两造争辩，加上太白金星的凑趣，很热闹；
2. 这个妖精外号叫"半截观音"，之前的狐狸精也据说"面

如观音"，观音姐姐真是广大女妖精的偶像啊。

故事三十二：灭法国国王要杀一万个和尚，——正好四众到该国国境时，已经杀了九千九百九十六个了。行者半夜作法，折服了国王，使之改变国策，连国名都改成了"钦法国"。（第八十四回）

妖怪（或歹人）：灭法国王君臣（？）

友情客串：观音菩萨

看点：

1.灭法国杀和尚，行者就把灭法国君臣的头全部剃成光头，以彼之道还施彼身；

2.师徒四众假扮成贩马的客人，住进赵寡妇店，彼此大谈生意经。

故事三十三：隐雾山南山大王抓走唐僧，行者师兄弟几个合力，又将师父救出，除去妖怪。（第八十五、八十六回）

妖怪（或歹人）：南山大王

友情客串：无

看点：这个故事无甚精彩，其寂寂无名也宜。唯这次唐僧被擒，还有个樵夫难友，是罕有的经历。

故事三十四：凤仙郡上官郡守得罪玉帝，导致凤仙郡三年无雨。行者上天问明缘由，让凤仙郡郡守及全体百姓虔心祈祷，于是甘霖普济。（第八十七回）

妖怪（或歹人）：玉帝

友情客串：整个天庭的官僚体系

看点：本回里猴子在玉帝面前，很有奴才气。说是小说的败笔也可，说是行者在西天路上越来越堕落了也可。

故事三十五：行者师兄弟三人在玉华城卖弄本事，导致金箍棒、九齿钉钯、降妖宝杖被黄狮精盗去。虽设法夺回，但黄狮精又搬来自己的祖爷爷九灵元圣，抓了唐僧、玉华城王子等人。行者查明九灵元圣乃太乙救苦天尊坐骑，于是请太乙来收服了老妖。（第八十八到第九十回）

妖怪（或歹人）：九灵元圣、黄狮精等一群狮子精

友情客串：太乙救苦天尊

看点：回目中有"师狮授受同归一"一句，广目天王又说："那厢因你欲为人师，所以惹出这一窝狮子来也。"显然，行者几个在玉华城教徒弟，而妖怪即是一伙狮子，作者是有意对照。"师""狮"二字唐代还常通用，如华严宗三祖法藏给武则天讲经，就曾以"殿前金师子"设喻。

行者授了玉华城几个王子神力，让他们能使动千儿八百斤

的兵器，都是李元霸一流的人物了。不知道会不会破坏当地的国际均势。

故事三十六：玄英洞三只犀牛，变成佛身骗金平府老百姓的酥合香油吃，又抓走了唐僧。行者搬来二十八宿中的四宿，制服妖怪。（第九十一、九十二回）

妖怪（或歹人）：辟寒大王、辟暑大王、辟尘大王

友情客串：角木蛟、斗木獬、奎木狼、井木犴、西海摩昂太子

看点：金平府的粮油价格……

故事三十七：玉兔摄去天竺国公主，自己假变公主，要招唐僧为驸马。行者揭穿妖精身份，太阴星君赶至，收回玉兔。（第九十三到九十五回）

妖怪（或歹人）：玉兔精

友情客串：太阴星君

看点：

1. 在布金禅寺嘲讽读书人。沙僧叫八戒吃相斯文些，"八戒着忙，急的叫将起来，说道：'斯文斯文！肚里空空！'沙僧笑道：'二哥，你不晓的，天下多少斯文，若论起肚子里来，正替你我一般哩。'"。

2.公主抛绣球招亲,勾起唐僧对父母结亲过程的回忆。大概便以此罢,他被国王召进宫去,做的几首诗,倒是很合驸马身份。

3.太阴星君身边的霓裳仙子是猪八戒的"旧相识"。

故事三十八:铜台府寇员外斋僧,唐僧师徒受礼遇。唐僧坚欲取经不受款留,反使寇婆子怀恨在心。半夜里寇家遭劫,寇员外被害,寇婆诬告是唐僧师徒行凶,四众因此受了牢狱之灾。行者巧妙施法,澄清了真相。(第九十六、九十七回)
妖怪(或歹人):几个小强盗
友情客串:地府的办公部门
看点:公案故事

过铜台府,便到了西天佛境了。

嗯,唐僧师徒经历了千辛万苦,快到极乐世界的时候,碰到过一个和尚,有这样的对话:

四众正看时,又见廊下走出一个和尚,对唐僧作礼道:"老师何来?"

唐僧道:"弟子中华唐朝来者。"

那和尚倒身下拜,慌得唐僧搀起道:"院主何为行此大礼？"

那和尚合掌道："我这里向善的人，看经念佛，都指望修到你中华地托生。才见老师丰采衣冠，果然是前生修到的，方得此受用，故当下拜。"

在路上

去西天,总共是几十处妖怪。每次战斗的时间都不太长。十四年的征程,绝大多数时候的敌人不是妖魔,而是连续几个月的荒无人烟。空虚,困顿,和对空虚困顿的恐惧。

一路上,四个人该有很多对话罢。和故事无关的,吴承恩也就不会记下来。

这里收一些。

真是他们说的么?谁说的?谁对谁说的?

略知一二使人退步。

生活中不是缺少妖怪,而是缺少发现。——不过有时候,则是缺少大惊小怪。

多好的见解,也架不住变成标准答案。

怕了你了,没文化有教养,没见识有品位的人们。

甲：他说话很少会有什么火药味的。
乙：太啰唆，口水导致火药受潮而已。

佛祖就算不能带来幸福，也能带来幸福观。
我满怀仁慈的恩赐他们：这世上有太多的人从未得到应得的侮辱。

甲：我不能再吃了，东西都已经到喉咙这里了。
乙：你要是再长高一点就好了。

所谓调侃，不过是被阉割过的刻薄。

真相会因为愚笨而迟到，但，迟到的人往往是大人物，迟到的真相，也很可能更庞大而不可抗拒。

以弱智自负是一种最无危险的享乐主义。

我只擅长精神攻击，所以碰上你这种低等生物我一点办法都没有。

有一种人，理想很伟大，人格很高贵，我特别喜欢看见他们倒霉。

倒不是为了别的,而是如果他不是倒霉而是掌权的话,我就得忙于应付他的暴政,而没心情体会他的人格和理想了。

如来佛祖眼里,众生平等。只有这时人和人之间的档次才是微不足道的;我们不能忘记佛祖确实存在,但我们也不可能总是面对佛祖。

他们在乎的你不在乎,那是你不负责;他们不在乎的你在乎,那是你小心眼。由于单对单的话,你比他们都强,所以他们合伙给你添堵,说起来还是你辱人在先。

个性不宜普及。

白痴的美德,大约就是懒惰。愚者千虑,即令真有一得,也抵消不了九百九十九种愚蠢的代价。努力不能使白痴变得聪明,却足以使愚蠢变得泛滥。

不能再维护他们的自尊心了,毕竟,我要维护自己的生存权。

我不能改变白痴是白痴的现实,但我保留指出白痴是白痴的权利。

我觉得以下两个基本现实是没有疑问的：第一，我是一个智力一般的人，第二，我比他聪明许多。倘使我认为他不是白痴，那么，水涨船高，我就该觉得自己绝顶聪明。这个结论显然离谱，无论如何我不可能自恋到这个地步。所以，指出他是白痴，不过是我保持清醒的自我定位的一个副产品罢了。

我尊敬一本正经，但鄙视不学无术的一本正经；我喜欢胡说八道，但厌烦枯燥无味的胡说八道。——这两者也许根本就是一回事，不学无术的一本正经者，最大的兴趣好像就是枯燥无味的胡说八道。

心情不好的时候，说话容易像上帝，——不对，是像如来佛祖。

我知道那个人，——因为缺乏自我保护意识，于是他成了群众代言人。

你觉得别人不了解你，也许不过是因为你不了解自己。

真诚这两个字，本身就是悖论。大多数人都是不了解自己的，所以他越自以为诚心诚意的时候，他说的多半就越不真。——所以我最后的一点聪明就是，我不会把真诚这两个字放在一起用。

你应当了解女人的弱点，但切不可指出她们的缺点。

甲：那女菩萨身材真好，——腰围不盈一握，胸围不能合抱。
乙：什么？你说那是雨伞修炼成精？

她的声音，尤其是每句话最后那几个字儿，又高又飘，要是一乒乓球，整个就属于找抽了。

粗柳簸箕细柳斗，世上谁嫌男儿丑，——外在美是时代的偏见，内在美是永恒的骗局。

"雄辩是银，沉默是金。"这两句话我认为是条件关系，也就是说，具有雄辩才能的人，他的沉默才有金子般的价值。

那是个多么严肃的人，他嘴里出来的每一个字，都是黑体字。

因为懒惰，所以对自己做的每一件事，都记得很清楚。

虚构崇高是快乐之本，这自然也是大实话之一。但在虚构崇高的时候对对手的评价，也就常常近乎构陷。

这个要锻炼成条件反射，被自己感动的时候，先抽自己两个耳光。

存高蹈之心，则必须行低调之事。无他，这是对自己自省力的一点不自信。不那么光明磊落的心态，倒可以展示得直接一点，说是我是流氓我怕谁，也可以。

才智的超卓会彰显人性的弱点，这是才智可以被嘲笑的理由，但不是才智可以被否定的理由。

无招胜有招的境界，确实是有的。但无招可以是结果，却一定从来不是目的。

无能为力而自尊自强的人，常常勾起别人欺负他的欲望。

宽容源于俯视，严厉源于平等，尖刻源于被俯视者企图平等。

不要因为自己经历过巨大的苦难就认为普通人的痛楚是可笑的，——照这个逻辑，在随时可能进屠宰场的猪面前，人类就没有痛苦的资格了。

什么是朋友？就是要纵容不要宽容；要体谅不要原谅。

猪啊，你真是万叶丛中过，片花不沾身。

大众对明白人的办法是这样，就是不把你逼疯，也要逼得你装糊涂。
好了，你不糊涂而装糊涂，和他们那些真糊涂的相比，正见得你的虚伪。这下，他又站稳道德制高点的山头了。

要是人家鸡蛋里挑骨头我还承认有骨头，那行，鸡蛋有骨头，我自己可没骨头了。

谁稀罕你心服口服？我就是要你想不服而不能不服，这样你闷气难舒，我才加倍欢喜。

无法交流的双方而企图交流，不平等的就导致暴政，平等的就导致战争。

尊不尊重别人是道德问题，尊不尊重别人的才能是智力问题。

指点别人需拿出你的水平，点化别人需掩藏你的水平。

我并不是一个喜欢作弄别人的人，不过，倘使有人这么认为的话，我也乐意向他证明他是对的。

因为你不了解我，所以我必须了解你，——否则，我们岂不是一点沟通的余地都没有了？

连厌恶都可以化解，何况仇恨。

优秀的人是锋利的，他总是划伤庸众的心。尊重天才，常常就会不尊重人性。社会进步就是在庸众和天才之间找平衡。于是庸众被侮辱了，天才被毁灭了，而人才脱颖而出。

牙尖嘴利之人在新环境里也许起初会特别沉默寡言，因为他更清楚言语可能会带来的伤害。曹雪芹的伟大之一就是他敏锐地发现了这一点，所以恰恰是林妹妹而不是宝姐姐在进贾府的时候想道：不可多行一步路，多说一个字。

偶开冷眼窥天眼，不学愤青乱汗青。

丑小鸭变成了天鹅，这和她是否经历过许多磨难无关，而是因为她从来就是一颗天鹅蛋里的种子。

所有人都是不可替代的，没有人是不可或缺的。

小心无错身成错，大肚能容嘴不容。

世界对你充满了阴险的构思。

傲气和傲骨不是一回事，骨子里的傲气和傲骨更绝对不是一回事。傲骨就是骨头，傲气如果不幸有了，则与其藏进骨头，不如摆在脸上。

一个人对什么都可以是随便的，但是对自己的骄傲必须是严谨的。

你得学会摆脱本质看现象。—— 千万不要给本质迷惑了眼睛。

我也许会写篇关于诸葛亮的文章。写一个聪明、牛叉，并且喜欢捉弄人的青年，是怎么变得"一生唯谨慎"的。

有些人觉得自己是很宽容的。他的方法是，拼命发掘别人的缺点，然后想，这些，我全都原谅他了。

对这种人，你整他的办法就是，在他想宽容你的时候，你抢先宽容他。

我最大的自相矛盾的是：一方面我喋喋不休的言说时总喜欢有些听众，另一方面我却很害怕我真的对某人发生影响。

一个时代有一个时代的发骚方式。可见，发骚是一时的，——而闷骚是永恒的。

甲：蠢人的思路总是比较容易总结出来的。
乙：蠢人就是给人总结规律用的。

心比天高，命比纸薄，——才也比纸薄。

迫不得已地犯规，小心翼翼地绝望。

沉默，并不一定就耐得住寂寞。

我很痛苦，这是我选择的；你很痛苦，这是你自找的。

取经而得了正果，正如恋爱而得了婚姻，——说起来虽然少风雅，但若刻意回避，总也有些欠通人情。

不忍苛责，遂无言以对。

西游镜相

一

罗素先生说，生活中没有酒神，就显得无趣；有了酒神，则会变得危险。

酒神是指精神上沉醉的状态，以及与这状态相伴随的创造力的爆发。大混乱大流血的时代，"宁做太平犬，勿为乱世人"了，当然不再有闲情逸致关心有趣没趣的问题，起码的人身保障才是最重要的。等安定久了，对乱世的惨痛记忆渐渐淡薄，而一层压一层的秩序与规矩堆积，则已到了妨碍人自由呼吸的地步，天平就又向另一侧倾斜。

这是人类的两难。所以，要酒神还是不要酒神，不同时代的人，答案常常不会一样。

但，还有一些时代，则是无趣之余，还很危险。——那，选择就变得简单了，让酒劲儿来得更猛烈些罢。

这，是那只时不时就会杀两个人的猴子，仍被许多人喜欢的理由吗？

二

真假美猴王的故事。有人说，之所以诸天神佛都无法辨别猴子的真假，是因为六耳猕猴与孙悟空本来就是一体的两面。他是孙猴子一些潜在意念的映射。

也许，这是真的。

六耳猕猴是行者心中的恶念。西天大雷音寺的佛光普照下，行者一棍子把六耳打死，恶念断绝，从此，猴子就几乎不再杀普通人了。

然而，往后《西游记》也就慢慢变得越来越不好看了。

三

一空一切空，假中皆空；一假一切假，空中皆假；一中一切中，空假皆中。

这是天台宗的老和尚说的。空、中、假三谛，我这样的钝根，也实在无法懂得的。仿佛，这意思是：世界都是空幻，理解总归虚假，佛法倒确乎是超自然的存在，"不可思议，全绝言思"的，即中谛。——然而也毕竟与假和空纠缠不清。

于是便有了上面的话,所谓"三一无碍"。他还有比喻。镜外的世界,这便是空;镜中的影像,这便是假;镜体本身,则便是中了。

怀疑人生是否为实有,是富于想象力的人士的专利,轮不到我去凑热闹。《西游记》写神魔世界,倒确实是空。只不过,盗版有时比正版好用,空幻比起真实,常常也比较不那么荒诞。

零二年写了一组关于《西游记》的文章。借题发挥,动机不过是发泄私人的怨气。发泄完了,也就搁笔了。现在机会凑巧,又写了一些,凑成了一本书的规模。时隔已久,文风就不能强求统一。这几年,网上和市面上,类似的文章已多,所以写时也就常觉没措手处。

有一些注释。有补充正文未及的,也有一些注明材料出处的东西。但究竟不是正经书,不必兼领目录学的功能,以备将来学者查考,注释太正经了反是沐猴而冠,所以也不怎么精细。

大概,比考据派,这本书的立论要不严谨些;比索隐派,这本书的结论要不新奇些;和社会观察家比,也不怎么"直面惨淡的人生"。写些零散的印象,是《西游记》在我这面镜子上的投影。大脑皮层本来凹凸,早成哈哈镜了,加之沟壑纵横,这投影,也就不免充满了划痕和变形。

四

书名叫过《西游杂俎》,自己也觉得太装文化人了。后来改成《西游镜相》,但旋即发现已有了一本叫《西游真相》的书,好像是在跟人家抬杠,也便放弃了。

《西游八十一》。并没有写八十一篇,正如九九八十一难,吴承恩也没有写八十一个故事一样。

图书在版编目（CIP）数据

小话西游/ 刘勃著. -- 上海：上海文艺出版社,2020（2024.6重印）
（刘勃说书）
ISBN 978-7-5321-7451-5

Ⅰ.①小… Ⅱ.①刘… Ⅲ.①《西游记》评论 Ⅳ.①I207.414

中国版本图书馆CIP数据核字(2020)第010951号

发 行 人：毕　胜
选题策划：洋火文化
特约编辑：曹雪峰
责任编辑：肖海鸥
封面设计：蒋　熙

书　　名：小话西游
作　　者：刘　勃
出　　版：上海世纪出版集团　上海文艺出版社
地　　址：上海市闵行区号景路159弄A座2楼 201101
发　　行：上海文艺出版社发行中心
　　　　　上海市闵行区号景路159弄A座2楼206室　201101 www.ewen.co
印　　刷：苏州市越洋印刷有限公司
开　　本：889×1168　1/32
印　　张：8.375
插　　页：2
字　　数：154,000
印　　次：2020年3月第1版 2024年6月第7次印刷
Ｉ Ｓ Ｂ Ｎ：978-7-5321-7451-5/G.0272
定　　价：39.00元
告 读 者：如发现本书有质量问题请与印刷厂质量科联系　T:0512-68180628